Kurt Vierl

Schicksalshilfe durch Heilpädagogik

Kurt Vierl

Schicksalshilfe durch Heilpädagogik

Behandlung von Willensdefekten
Rhythmen des Lernens
Selbsterziehung in der Heilpädagogik

Herausgegeben von der Konferenz
für Heilpädagogik und Sozialtherapie
in der Medizinischen Sektion der Freien Hochschule
für Geisteswissenschaft am Goetheanum

Verlag am Goetheanum

Erstveröffentlichung von *«Die Behandlung der Willensdefekte durch die Bildekraft der Aufmerksamkeit»* als Sondernummer Heft 3 der «Mitteilungen für die Mitglieder des Verbandes anthroposophisch tätiger Heilpädagogen und Institutionen in der Schweiz» und der «Internen Korrespondenz – Informationsblatt für anthroposophisch tätige Heilpädagogen und Sozialtherapeuten in Deutschland» im Natura-Verlag, Arlesheim 1976. Erstveröffentlichung von *«Rhythmen des Lernens»* als Sondernummer Heft 6 (s.o.), Arlesheim 1977. Erstveröffentlichung von *«Selbsterziehung in der Heilpädagogik»* als Sondernummer Heft 8 (s.o.), Arlesheim 1979

Einbandgestaltung von Gabriela de Carvalho

Gesamtherstellung: Freiburger Graphische Betriebe
ISBN 3-7235-0658-5

Inhalt

Die Behandlung der Willensdefekte durch die Bildekraft der Aufmerksamkeit

Einer der häufigsten Ratschläge, die Rudolf Steiner im «Heilpädagogischen Kurs» gab, ging in die Richtung: Fördert die Aufmerksamkeit, das Interesse des Kindes! Er begründete dies so: «Für solche Kinder, die nicht herauskönnen aus ihrem Körper, die das Seelische nicht hineinbringen, die das Körperliche nicht beherrschen, handelt es sich darum, daß wir ihnen Gelegenheit geben, möglichst viel Interesse zu entwickeln.»[1]

Aber er blieb nicht bei dieser allgemeinen Formulierung stehen, sondern erläuterte jedesmal, in welcher bestimmten Weise in diesem und in jenem Fall vorzugehen sei, um ein Kind in ein aufgewecktes und tätiges Verhältnis zur Welt zu bringen.

Denn in jedem Fall liegen die Verhältnisse anders, die es einem Kinde unmöglich machen, von seinem Geistig-Seelischen, von Ich und Astralleib aus, den «Leibeskörper», Ätherleib und physischen Leib, in harmonischer Weise zu ergreifen.

Eine andere allgemeine Formulierung im «Heilpädagogischen Kurs» besagt, daß es sich vorwiegend um «Willensdefekte» handelt, die im Felde der Heilpädagogik angegangen werden müssen, weniger um «Denkdefekte», «... denn auch wenn Sie im Denken einen Defekt haben, müssen Sie sorgfältig hinschauen, inwieferne der Denkdefekt ein Willensdefekt ist. Denn wenn Sie zu schnell oder zu langsam denken, so können die Gedanken ganz richtig sein, es handelt sich nur darum, daß der Wille, der wirkt in der Ineinandersetzung, einen Defekt hat».[2]

Am Zustandekommen solcher Willensdefekte sind aber die verschiedensten Faktoren beteiligt, so daß eine gleichartige Behandlung nur in seltenen Fällen, etwa wenn es sich um ganz gleichartige Krankheitsbilder handelt, in Frage kommen kann.

Eines gilt aber fast durchgehend: daß die Aufmerksamkeit, das Interesse des Kindes an der Welt angesprochen werden muß und daß damit – wenn die Ansprache in der rechten Weise geschieht – der erste Ansatz zur Überwindung des Willensdefektes gegeben ist.

Wie ist das zu verstehen?

Willensdefekte hängen mit Organerkrankungen zusammen, die auf dem Wege gestörter Flüssigkeits-, Gas- und Wärmebewegungen auch in das Seelenleben des Kindes behindernd einwirken.

Die Grundkraft der Seele, das Begehren, kann sich nicht mehr willentlich entfalten, verfängt sich in den Organprozessen und findet nicht den menschengemäßen Weg durch die Sinne nach draußen.

Diejenige Kraft, die den Begehrensstrom durch die Sinne nach draußen treiben kann, ist die Aufmerksamkeit. «Ein Sinneseindruck ist gerade dadurch charakterisiert, daß die Aufmerksamkeit bei ihm so hingeordnet ist, daß die Urteilsfällung als solche ausgeschaltet wird ... Die Aufmerksamkeit zeigt uns, daß Begehren da ist ...»[3]

Wenn es dem Heilpädagogen gelingt, die Aufmerksamkeit des Kindes in der rechten Weise zu wecken, kann er damit den Willensstrom wieder so in Gang setzen, daß das Verfangensein in Organdefekte überwunden wird. Als Endziel wird ihm dabei sogar vor Augen stehen, aus einem durch die Aufmerksamkeit geweckten und gestärkten Willensstrom auch eine Harmonisierung der Organprozesse zu veranlagen. Diese wird sich nicht immer schon in diesem Erdenleben voll verwirklichen, wenn eine starke pathologische Verbildung vorliegt. Die Bemühung um ein wachsendes Interesse an der Umwelt wird jedoch auch einem schwer behinderten Kinde Ansatzmöglichkeiten zum Aufbau einer gesunden Leiblichkeit in einem künftigen Erdenleben schaffen.

Denn von der Aufmerksamkeit auf die Dinge der Außenwelt, die wir in einem Erdenleben entwickeln, hängt ab, wieviel Kenntnis vom inneren Aufbau der menschlichen Gesamtorganisation wir im Leben zwischen Tod und neuer Geburt in uns aufnehmen können.[4]

Ist damit die Aufmerksamkeit als diejenige Grundkraft im Seelenleben des Menschen erkannt, mit deren Hilfe «Bildefähigkeit» im weiteren Sinne hervorgerufen werden kann, so geht es nunmehr darum, die verschiedenen Verfahrensweisen kennenzulernen, die es ermöglichen, diese Grundkraft auch dort zur Wirkung zu bringen, wo ihr ein Willensdefekt hindernd entgegensteht. Hierfür erscheint es sinnvoll, sich vorweg einen bedeutsamen Unterschied klarzumachen, der zwischen «Normalpädagogik» und «Heilpädagogik» besteht.

Für Lehrer und Erzieher gesunder Kinder betonte Rudolf Steiner: «... wir wollen uns bewußt werden, daß das physische Dasein hier eine Fortsetzung des geistigen ist, daß wir durch Erziehung fortzusetzen haben dasjenige, was ohne unser Zutun besorgt worden ist von höheren Wesen. Das wird unserem Erziehungs- und Unterrichtswesen allein die richtige Stimmung geben, wenn wir uns bewußt werden: Hier in diesem Menschenwesen hast du mit deinem Tun eine Fortsetzung zu leisten für dasjenige, was höhere Wesen vor der Geburt getan haben».[5]

Das Augenmerk wird hier ganz auf das der irdischen Inkarnation vorausgehende Bildegeschehen im Vorgeburtlichen gelenkt, das durch den Erzieher fortzusetzen ist. Was die göttlichen Menschenbildner begonnen haben, indem sie die Geistseele des zur Geburt schreitenden Menschenwesens einstimmten auf die Heranbildung eines gesunden Leibeskörpers, das soll vom Erzieher vollendet werden: «Die Aufgabe der Erziehung, im geistigen Sinn erfaßt, bedeutet das In-Einklang-Versetzen des Seelengeistes mit dem Körperleib oder dem Leibeskörper. Die müssen miteinander in Harmonie kommen, müssen aufeinander gestimmt werden, denn die passen gewissermaßen, indem das Kind hereingeboren wird in die physische Welt, noch nicht zusammen. Die Aufgabe des Erziehers und auch des Unterrichters ist das Zusammenstimmen dieser zwei Glieder.» [6]

Worauf der Erzieher und Unterrichter hierbei besonders zu achten hat, ist einerseits der Atmungsrhythmus in seiner Wirkung auf das Gehirn («daß das Atmen in der richtigen Weise den Nerven-Sinnesprozeß unterhält») und andererseits der Rhythmus von Wachen und Schlafen in seiner Wirkung auf die Ausbildung des Gedächtnisses und der schulischen Fähigkeiten.

Dem gegenüber stehen für den Heilpädagogen die folgenden Worte als eine Grundanweisung im «Heilpädagogischen Kurs»: «Und so muß man wissen, daß es sich um ein tiefes Eingreifen in die karmischen Tätigkeiten handelt, die sich sonst vollziehen würden zwischen Tod und einer nächsten Geburt.» Dazu braucht man «inneren Mut». «Und der erwacht nur, wenn man sich die Größe der Dinge immer vor Augen stellt: du tust etwas, was die Götter sonst tun im Leben zwischen Tod und nächster Geburt.» [7]

Nicht so sehr das, was das Kind schon aus der vorgeburtlichen Welt mitbringt, steht hier im Vordergrund, sondern das, was im Sinne eines zukünftigen Ausgleiches seines schweren Schicksales so vorweggenommen werden kann, daß die Bürde leichter zu tragen ist, weil Erzieher und Kind sie gemeinsam tragen und in gemeinsamer Anstrengung vielleicht dazu kommen, sie schon vor der Zeit ablegen zu dürfen.

Hier sind es außer denjenigen Rhythmen, deren Harmonisierung auch der Erzieher und Unterrichter gesunder Kinder zu beachten hat, noch ganz andere, «abnorme» Rhythmen, in die der Heilpädagoge sich einfühlen muß, um sie beseitigen zu können. Diese abnormen Rhythmen repräsentieren den jeweiligen Willensdefekt, der dadurch gegeben ist, daß die Geistseele den Leibeskörper wegen dessen organischer Schäden nicht harmonisch ergreifen kann: «Sagen wir, der astralische Leib und das Ich müssen jedesmal eine Anstrengung machen, wenn Leber und Magen durchdrungen werden sollen. Diese Anstrengung wirkt sich nun in merkwürdiger Weise aus: es entsteht etwas wie ein abnormer Rhythmus, die Anstrengung führt dazu, daß das Ich in einem entsprechenden Momente sich verstärkt und dann sich wieder abschwächt. Und wir haben abwechselnd in dem Kinde ein starkes Leber-Magengefühl, und ehe das noch zum Bewußtsein gekommen ist, dann ist ein abgeschwächtes Leber-Magengefühl da. Und immer pendelt das Kind hin und her zwischen diesem starken Leber-Magengefühl und dem abgeschwächten Leber-Magengefühle. Dadurch kommt das Kind nicht dazu, seinen Körper in sogenannt normaler Weise zu benutzen. Denn den kann man nur benutzen, wenn dieser Rhythmus nicht eintritt ..., und in ruhiger Weise der Astralleib und das Ich von den einzelnen Organen Besitz ergreifen.»

«... und kommt man an das heran, daß man dem entgegenkommt, kommt man so heran, daß man beobachten kann, was eintritt in dem Momente des Sich-intensiv-Ergreifens ..., geht man selbst mit voller Liebefähigkeit daran, dann kann aus diesem Rhythmus das herauskommen, daß später, wenn der Rhythmus überwunden ist, gerade in einer intensiveren Weise, als dies gewöhnlich der Fall ist, Leber und Magen ergriffen werden, dann kann ein Genie der Tat, des Tuns, doch noch daraus hervorgehen.»[8] Das heißt, die Überwindung des «abnormen Rhythmus» kann dazu führen, daß die vorher in den Organprozessen verfangenen Willenskräfte sich so freigekämpft haben, daß sie nun mit sogar größerer Intensität als beim normal entwickelten Kind den eigenen Leib und durch ihn hindurch auch die Dinge der Welt tätig ergreifen können.

Ein guter Wegbereiter hierzu kann die vom Heilpädagogen im Kindeswesen entfaltete *Aufmerksamkeit* sein.

Wie kann er dabei vorgehen?

Eine wesentliche Vorbedingung ist, daß er selber im Zusammensein mit dem Kinde allergrößte Aufmerksamkeit übt. Das gilt bekanntlich auch sonst im menschlichen Zusammenleben: Wenn ich Aufmerksamkeit erfahre, werde ich selber aufmerksam auf denjenigen, der sie mir zuteil werden läßt. Für ein Kind, auch für ein behindertes Kind, hat solche Zuwendung in Aufmerksamkeit eine unmittelbar ansteckende Wirkung. Sie kann je nach dem Grad der Behinderung zunächst minimal erscheinen, hat aber im Unbewußten oft eine große Ausdehnung und kann dann gerade bei schwer gestörten Kindern als erwartungsvolle Lernbereitschaft erlebt werden, die das ganze Wesen des Kindes auf den Lehrer einstimmt.

Eine zweite Vorbedingung, die Kenntnis der verschiedenen Verlaufsformen der Entfaltung des kindlichen Interesses, kann dadurch erfüllt werden, daß man sich an den Temperamentsunterschieden orientiert.

Der *Melancholiker* ist überwiegend aufmerksam auf sich selbst. Man wird ihm helfen müssen, auch auf andere aufmerksam sein zu können. Das ist möglich, wenn man ihm das Erlebnis gibt, vom anderen innerlich verstanden zu sein.

Der *Sanguiniker* ist überwiegend aufmerksam auf wechselnde Eindrücke der Umwelt. Man wird ihm Anlaß geben müssen, einen einzigen Eindruck so interessant zu finden, daß er bei ihm verweilen, sich mit ihm beruhigen kann. Das ist möglich, wenn man im rhythmischen Wechsel mit anderen Eindrücken immer wieder auf den einen Eindruck zurückkommt.

Der *Choleriker* lenkt sein Interesse gerne von sich aus auf ein bestimmtes Ziel, das er – oft rücksichtslos – erreichen will.

Ihm wird man zur Selbstbesinnung verhelfen müssen, indem man ihn nach einiger Zeit auf den stürmisch durchschrittenen Weg zurückschauen läßt, den er zu seinem Einzelziele zurückgelegt hat: Was ist dabei vielleicht alles in Trümmer gegangen und muß jetzt sorgfältig wieder geordnet werden?

Der *Phlegmatiker* hat nur eine diffuse Aufmerksamkeit auf seine Umwelt. Nur was ihn störend aufschreckt, kommt wirklich bei ihm an. Ein unvermittelter Schlag auf den Tisch kann ihn ruckartig aufmerksam machen, so daß er für eine gewisse Zeit dann doch auf Einzelheiten eines Gegenstandes präzise einzugehen vermag.

Melancholiker und Choleriker haben eine zentrierte, *punktuelle* Aufmerksamkeit, Sanguiniker und Phlegmatiker eine *ausgebreitete;* der Gegensatz von «Punkt und Kreis» wird hier anschaubar.

Mannigfaltiger und verfänglicher sind die Irrwege der Aufmerksamkeit bei pathologischen Kindern. Doch gibt auch hier der Gegensatz von Punkt und Kreis, von Zentrierung und Ausbreitung, eine erste Orientierung.

Unter diesen Gesichtspunkten sollen nur einige der praktischen Hinweise im «Heilpädagogischen Kurs» betrachtet werden.

Als Urbild der Interessenbildung kann die Darstellung im Vortrag des Kurses gelten, die sich auf die heilpädagogische Behandlung eines zehnjährigen Buben bezieht, der unter anderem sehr eigentümliche psychische Erscheinungen aufwies: er erlebte am Zeigefinger seiner «rechten Hand einen kleinen Geist», den er «Bebe Assey» nannte, und er konnte sich zeitweise selber als «Löwe» erleben und verhielt sich dann «brüllend wie ein Löwe»[9].

Im Hinblick auf diese Phänomene eines nicht vollständig im physischen Leib pulsierenden Astralleibes empfiehlt Rudolf Steiner ein heilpädagogisches Vorgehen, das folgende Maßnahmen umfaßt:

1. Eine «Beschäftigung an das Kind» heranbringen, «die

es auf der einen Seite zum Mechanischen, zum Bewegtwerden bringt, und auf der andern Seite dazu, doch aufmerksam zu sein», wie zum Beispiel das Stricken, «denn man kann beim Stricken Maschen verlieren».

2. Menschliche Vorbilder erleben lassen, denn: «Selbst wenn der Mensch nur dem Gedanken nach auf Vorbilder hinschauen kann, entwickelt sich ein Ineinandergreifen des Muskel- und Knochensystems» und damit die Voraussetzung zur Geschicklichkeit, gerade weil die Aufmerksamkeit auf diese Weise im besten Sinne angesprochen wird. Im Erleben von Vorbildern entfaltet das Kind sein Begehren in die Zielrichtung dieser Vorbilder; es möchte ihnen ähnlich werden.

3. Wenig Eindrücke zur Assoziation bringen, so «daß man alles, was man unterrichtend an ihn heranbringt, in so wenig Elementen an ihn heranbringt, daß es übersichtlich ist». Die Dinge werden aber gerade «übersichtlich dadurch, daß man sie übersichtlich macht, daß man möglichst darauf sieht ..., daß dasjenige, was die Kinder tun sollen, begleitet wird von solchen Dingen, welche die Aufmerksamkeit erregen».

4. So mit den Kindern malen, «daß die Kinder jeden Handgriff, alles, was sie tun, in einer gewissen Weise mit Aufmerksamkeit begleiten müssen», was aber nicht heißt, daß man die Kinder zurechtweisen soll, wenn es Schmierereien gibt, sondern daß die Aufmerksamkeit des Erziehers direkt auf die einzelnen Handgriffe des Kindes gerichtet sein soll, um auch die Aufmerksamkeit des Kindes auf diese zu ziehen:

«Sieh, jetzt nimm dir den Pinsel, jetzt streichst du über das Papier» und so weiter.

5. Während des Malens von bestimmten Dingen der Außenwelt erzählen und dabei auf die Farben hinweisen, womit sie dargestellt werden: «Sieh einmal, da ist der Baum, jetzt mach den Baum, der draußen steht ... Sieh, da kommt das Pferdchen gelaufen.» und so weiter. Dabei muß der Erzieher vor allem Enthusiasmus und Temperament entwickeln und die Dinge wirklich lebendig für das Kind werden lassen.

6. «Dann sollte man bei diesen Kindern nicht versäumen, möglichst viel Konversation zu machen.» Man knüpft bei naheliegenden Erlebnissen des Kindes an und versucht, es zum Antworten und allmählich zum eigenen Erzählen zu bringen. «Vor allen Dingen muß ein solches Kind darauf aufmerksam werden, daß man sich für es interessiert, daß man teilnimmt an dem, was es tut. Man fragt ein solches Kind um dasjenige, was es wissen muß, aus dem, was es vorgenommen hat. Man zeigt Teilnahme an dem, was es erlebt hat.» [10]

7. Schließlich versucht man auch, einem solchen Jungen aus dem Malen das Schreiben beizubringen. Dies erfordert eine vermehrte Aufmerksamkeit des Kindes auf seine Handbewegungen, die sich dabei zunehmend «vorgeschriebenen» Formen fügen müssen.

Die beschriebenen Maßnahmen sind für viele seelenpflegebedürftige Kinder geeignet, die eine Ungeschicklichkeit der Gliedmaßen, Sprachbehinderungen und Retardierung ihrer geistigen Entwicklung aufweisen.

Ein andersartiges Vorgehen empfiehlt sich bei Epileptikern. Dabei muß darauf geachtet werden, um welche Form der Epilepsie es sich jeweils handelt.

Unter den im «Heilpädagogischen Kurs» besprochenen Kindern finden sich zwei sehr unterschiedlich geartete Epileptiker: ein elfjähriger Bub, der seit seinem vierten Lebensjahr an Aufwach-Anfällen mit Aufstehen und Schreien litt, und ein Fünfzehnjähriger, der seit seinem ersten Lebensjahr schwere Krämpfe hatte und sich in kleinkindlicher Weise «Karlchen» nannte, das heißt noch nicht «Ich» sagte.

Bei dem elfjährigen Jungen war davon auszugehen, daß ein sehr stark selbständig wirkender Astralleib die Anpassung an Ätherleib und physischen Leib – vor allem in der Bauchregion – nicht vollzog.

Bei dem Fünfzehnjährigen, also im Geschlechtsreifealter stehenden (aber kastrierten) Jungen überwogen innere Erregungen, die dadurch entstanden, daß physischer Leib und Ätherleib sich weigerten, den Astralleib in sich aufzunehmen.

Bei dem Elfjährigen kam es also darauf an, «daß man dem sehr stark selbständig wirkenden Astralleib alle Möglichkeiten entzieht, Kräfte zu entwickeln, die ihm hinderlich sind in der Anpassung an den Ätherleib und physischen Leib». Der Junge hatte eine lebhafte Phantasie und schwätzte viel. Daher hatte «als erste Maßregel zu gelten», daß man ihm sein allzu fertig gestaltetes Spielzeug wegnahm und ihn anregte, «möglichst viel zu malen, aber vor allem Formen zu prägen, zu schnitzen», zum Beispiel aus einem Stück Holz eine Menschengestalt zu schnitzen. «Man muß vermeiden, ihn heranzubringen an die Dinge, die schon fertig sind. Man muß versuchen, daß er selbst vieles macht, so daß seine Gliedmaßen in Bewegung kommen.» [11]

Bei dem Fünfzehnjährigen hingegen war für die Ableitung der inneren Erregungen, die ihn quälten, zu sorgen. Man hatte «zu berücksichtigen, daß er in einem Stadium steht, wo es notwendig ist, ihn so zu behandeln, wie man im Geschlechtsreifealter stehende Knaben zu behandeln hat: sie nämlich sorgfältig in Zusammenhang bringen mit allem demjenigen, was ihnen Interesse für die Vorgänge der Welt, in die sie hineingestellt sind, beibringt. Vor allen Dingen handelt es sich darum, daß man Waldorfschul-Pädagogik auf sie anwendet. Daß man versucht, ihn nicht seinen innerlichen Erregungen zu überlassen, sondern daß man versucht, ihn nach außen hin fortdauernd zu beschäftigen, so daß er für äußerliche Dinge und Vorgänge ein intensives Interesse entwickelt.»

Da dieser Junge aber sehr stark retardiert war, ergab sich «die Notwendigkeit, die Waldorfschul-Pädagogik so wie bei ganz kleinen Kindern anzuwenden, also vom Malerischen auszugehen und ihn einfach dahin zu bringen, daß er dasjenige, was ihn innerlich quält, in die Farben hineinlegt. Man läßt ihn zunächst malen und wird sehen, was er dabei herausbekommt. Und von da aus geht man dann weiter in demjenigen, was sich aus seinen eigenen Veranlagungen da ergibt.» [12]

Im Unterschied zu dem eingangs geschilderten «Urbild der Interessebildung», wo man beim Malen die äußeren Dinge erwähnt, die aus den Farben gestaltet werden sollen, ist man bei diesem Fünfzehnjährigen darauf verwiesen, keinen derartig anregenden Beitrag zu leisten, sondern abzuwarten, was kommt. Er selber soll das, was ihn innerlich quält, nach außen setzen, ins Bild bringen, so weit ihm das gelingt. Auf diese Weise kommt auch bei ihm das innerlich gestaute Begehren wieder in Fluß und kann sich in schaffender Tätigkeit befriedigen.

Wieder anders als bei den innerlich gestauten Epileptikern muß die Heranbildung des Interesses bei denjenigen Kindern geschehen, die mit ihrem Seelenleben zu sehr in der Umwelt verschwimmen und die empfangenen Eindrücke nicht genügend verarbeiten.

Auch hierfür können zwei Beispiele aus dem «Heilpädagogischen Kurs» angeführt werden, ein zehnjähriges Mädchen mit Gedächtnisschwund und ein vierjähriger Bub mit Nachahmungsschwäche.

Das gedächtnisschwache Mädchen litt «an entzündlichen Erscheinungen ... der Blasengegend» und an «Wucherungen im Nasenrachenraum» und zeigte damit, daß die Bildekräfte des Ätherleibes nicht in geordneter Weise in den Organismus einwirkten, sondern «durch den defekten Astralleib» irritiert wurden.

«... wenn man einem solchen Kinde beikommen will, so handelt es sich darum, daß man möglichst das, was Eindruck machen soll auf das Kind, verstärkt, daß man mit starken Eindrücken für ein solches Kind arbeitet.»

Denn das Gedächtnis kann sich nur dann richtig ausbilden, wenn die Eindrücke, die tagsüber in Ich und Astralleib lebten, genügend starke Spuren im Ätherleib hinterlassen haben, so daß diese dann – vor allem während des Schlafes – auch dem physischen Organismus noch einverleibt werden können.

«... und es wird sich in einem solchen Falle darum handeln, daß man zunächst starke Eindrücke hervorruft, um die obere in der unteren Organisation, ... das Ich und den Astralleib im Ätherleib und physischen Leib zur tatkräftigen Wirksamkeit zu bringen.»

Dies kann durch Übungen geschehen, die beim Kinde dort ansetzen, wo schon eine gewisse Eindrucksfähigkeit besteht. Im vorliegenden Fall erwies es sich, daß das Kind einfache Volksmelodien behalten konnte.

Von da ausgehend, sollte nun versucht werden, «die Aufmerksamkeit zu lenken auf solche kleine Gedichte, in denen ein bestimmtes Motiv nach je drei Zeilen immer wiederkehrt, so daß das Kind einen starken Rhythmuseindruck empfängt und damit dann der Zeitpunkt heranrückt, in dem man auch rhythmenlose Eindrücke an das Kind heranbringen kann. Es ist nicht anzunehmen, daß der Zeitpunkt, in dem man etwas erreichen kann in diesem Falle, kürzer sein wird als drei bis vier Jahre, bis zur Geschlechtsreife. Wenn nach diesen Gesichtspunkten gearbeitet wird bis zu diesem Zeitpunkte, namentlich wo rhythmische Eindrücke wirken können, und von da aus das andere erarbeitet wird, kann man erzieherisch etwas erreichen.» [13]

Volksmelodien – starke Rhythmuseindrücke durch kleine Gedichte – rhythmenlose Eindrücke: das ist in diesem Fall die heilpädagogische Stufenfolge, über die das Aufmerkenkönnen und das Behaltenkönnen der Umwelteindrücke herangeschult werden können.

Ein besonders schönes Beispiel eines Gedichtes mit wiederkehrendem Motiv – hier allerdings bereits in der dritten Zeile – findet sich bei Hedwig Diestel [14]:

Ich und Du

Wird es hell, find' ich dich,
Mein Gesell, komm zu mir,
Ich und du, du und ich,
Ich und du sind wir!

Sag ein Wort, komm und sprich,
Du bist dort, ich bin hier,
Ich und du, du und ich,
Ich und du sind wir!

Für den Übergang von derartigen rhythmischen Eindrücken zu rhythmenlosen Eindrücken kann man zunächst eine einzelne Zeile aus einem solchen Gedicht verwenden und diese allein jeden Morgen vom Kind sprechen lassen, zum Beispiel: «Ich und du sind wir!»

Später kann man zu einfachen Sätzen übergehen, wie einer als Beispiel auch im «Heilpädagogischen Kurs» für die Gedächtnisbildung angeführt ist: «Die Sonne bescheint den Berg – oder irgend etwas; es kann eine ganz gleichgültige Sache sein.»[15]

Ist ein Kind noch weiter in seiner Entwicklung zurück als das soeben besprochene, hat es Schwierigkeiten im Nachahmen wie das vierjährige Hänschen, so müssen noch andere rhythmische Übungen erfolgen, die dem Einrhythmisieren des Astralleibes in den Ätherleib dienen.

Das vierjährige Hänschen war «eigentlich ein zappeliges Kind» und doch zugleich «ein schläfriges zurückgebliebenes Kind ... es hat nicht sprechen gelernt, es ist in alledem zurückgeblieben, was gerade in der ersten Lebensepoche heranerzogen werden soll. Es ist also sehr leicht zu begreifen, woran es bei diesem Kinde fehlt: es griff nicht hinein in das Imitationsprinzip, es biß nicht an auf das Imitieren. Das heißt mit andern Worten: es kann seine Organe vom Ich und Astralleib aus nicht in Bewegung bringen. Es ist ein außerordentlich liebenswürdiges Kind, aber es kann die Ruhesehnsucht seines physischen Leibes eigentlich außerordentlich schwer überwinden.»

Und zur Therapie: «Wenn es in ordentlicher Weise Toneurythmie treibt, so kann es zunächst dahin kommen, daß es in seinem Astralleib so angeregt wird, daß der Rhythmus dann den Ätherleib ergreift.»

Bei einem vierjährigen Kinde werden solche Toneurythmie-Übungen sehr einfach sein müssen, und es wird sich vor allem darum handeln, daß das Kind rhythmisch wiederkehrenden Klängen lauschen und sich dazu bewegen lernt. Danach kann eine weitere Übung folgen, die den Nachahmungswillen zum Sprechenlernen hinlenkt. Man interessiert dabei das Kind zunächst für den Sprechton, noch nicht für das Wort und den Wortinhalt. Dies geschieht, indem «man das Kind ... rhythmische Sätze» nachsprechen läßt, aber so, «daß das Kind wirklich in den Ton hineinfällt», daß es also den Sprechton des Erziehers unmittelbar nachahmt, auch wenn es die Worte selber noch nicht deutlich nachsprechen oder gar deren Sinn verstehen kann. Das von Rudolf Steiner hierzu gegebene Beispiel lautet: «Und es wallet und woget und brauset und zischt.» Den Ton geben hier hauptsächlich die Vokale in den Tätigkeitswörtern an:

A – O – AU – I. Sie können in verschiedenen, den Sinn und Rhythmus dieser Zeile entsprechenden Tonhöhen so gesprochen werden, daß das Kind sich mitlallend einschwingen kann, sehr langsam vor- und rückwärts: «Nun handelt es sich darum, daß man so etwas: ‹Und es wallet ...› mit dem Kinde sachgemäß langsam durchnimmt, langsam hin und rückwärts. Ich sage in diesem Falle absichtlich ‹woget› statt ‹siedet›, weil es zu therapeutischem Zwecke verwendet wird.» (Die Zeile entstammt Schillers Ballade «Der Taucher» und lautet dort: «Und es wallet und siedet und brauset und zischt.»)

Dieses nachahmende Einstimmen in den Sprachton wird dann abgelöst von einer nächsten Übung, die noch deutlicher den einzelnen Laut nachbilden läßt. Das Kind wird aber erst dann Interesse am einzelnen Laut bekommen, wenn dieser Laut als solcher schon geeignet ist, Verwunderung zu wecken, ein Inneres Aufwachen zu bewirken. Der Laut A ist hierfür am besten geeignet: «Das Kind ist innerlich aufzuwecken auf diese Weise, daß wir es in die Verwunderung bringen: A intonieren lassen, dann E I, dann zurück I E A – A E I – I E A und so weiter. So weckt man solch ein Kind allmählich auf, und es wird da doch durch das Nachahmungsprinzip wiederholen. Sie müssen nur das Kind einzeln vornehmen und danach trachten, daß in alledem, was Sie durchnehmen, Imitation liegt, immer das Kind in einem kurzen Zeitpunkt nachintonieren lassen.»

Dieses Nachintonieren des Kindes sollte so beginnen, daß bei jedem einzelnen vom Lehrer intonierten Laut das Kind veranlaßt wird, ihn sogleich nachzuahmen «in einem kurzen Zeitpunkt». Erst später wird man dann auch die drei Laute A E I beziehungsweise I E A als ganze Lautfolge nachintonieren lassen können.

Bemerkenswert ist der zusätzliche Hinweis Rudolf Steiners, daß «es bei einem solchen Kinde ganz gut» sei, «wenn man es auch physisch in jene abwechselnden Lagen bringt, die durch so etwas angedeutet sind wie A E I – I E A und so weiter. Und das können Sie sehr gut dadurch hervorrufen, daß Sie es abwechselnd und verhältnismäßig kurz in mäßig warmes Wasser bringen und dann ihm eine mäßige [kalte] Dusche geben. Dadurch bringen Sie in Lebendigkeit dasjenige, was in Lebendigkeit kommen soll. Es wird überhaupt, wenn Sie sehen, daß die Abnormität sich in Trägheit auslebt, diese letztere Maßregel immer von einer guten Wirkung sein, nur daß man sie nicht übertreibt. Man darf aber auch keine Angst davor haben, wenn die Kinder unmittelbar, nachdem man begonnen hat mit einer solchen Badekur, etwas aufgeregt werden. Das geht vorüber. Die Reaktion kommt schon, es stellt sich allmählich ins Richtige hinein.» [16]

Um den ganzen Kreis der im «Heilpädagogischen Kurs» zu unserem Thema gegebenen Anregungen abzuschreiten, sollen noch drei Fälle erwähnt werden, die im neunten und zehnten Vortrag geschildert sind.

Im neunten Vortrag wird die innere Situation des Kleptomanen dargestellt, der «moralblind» ist für alle Begriffe, die mit Besitzverhältnissen zusammenhängen. «Für ihn gibt es besonders stark den Begriff des Auffindens, den Begriff: etwas überrascht ihn, etwas interessiert ihn. Da hört aber schon das Begriffsvermögen auf.» Daß das Ding, das ihn interessiert, einem anderen gehören kann, so daß er es nicht einfach wegnehmen darf, begreift er schon nicht mehr. An die Stelle der hierfür erforderlichen gedanklichen Tätigkeit tritt unversehens die Gliedmaßentätigkeit des Wegnehmens.

Das im Astralleib urständende Begehren verfängt sich hier nicht – wie beim Epileptiker – in zu wenig durchlässigen Organen, sondern es schlägt um in einen triebhaften Ablauf im Ätherleib. Die Aufmerksamkeit erzielt nur einen rudimentären Erkenntnisgewinn: «Das ist interessant für mich!» und erlischt sofort. Im Erlöschen aber bringt sie unbewußt die Lawine ins Rollen: es werden Bewegungsabläufe in Gang gesetzt, die oft auf unglaublich geschickte Weise den «interessanten» Gegenstand in die eigene Tasche befördern. Im Unterschied zu den rhythmisch gesundenden Einflüssen des Astralleibs auf den Ätherleib, die in den beiden vorangehenden Fällen besprochen wurden, hat man es hier mit einem einmaligen kurzen Anstoß zu tun, der eine Kaskade von unkontrollierten Abläufen auslöst. Die Hilfe würde darin bestehen, den Astralleib zum bewußten Miterleben dieser Abläufe zu bringen und ihm gleichzeitig die Kraft zu verleihen, sie allmählich abzufangen.

Dies wird möglich, wenn zunächst ein wirkliches Zutrauen des Kindes zum Erzieher geschaffen werden kann, so daß das Kind gewillt wird, die entsprechenden Anregungen des Erziehers im inneren Gleichklang mit ihm in sich aufzunehmen.

Der Erzieher wird dann erreichen können, daß seine Ablehnung einer solchen Handlungsweise einen zunehmenden inneren Widerhall beim Kind findet. Ergänzend muß allerdings hinzukommen, daß der Erzieher den Vorgang des Aneignens, der für das Kind zunächst im Unbewußten abläuft, durch eine bildhafte Darstellung – am besten in Form einer erfundenen Geschichte – mitvollziehbar macht für das Bewußtsein des Kindes. «Nur muß man sich klar sein, daß man solch ein Kind dazu bringen muß, mit ihm durch die Autorität, die man hat, restlos besprechen zu können das Abscheuliche, was in einer solchen Handlung liegt. Nur darf man das nicht zu früh tun. Man muß in den Intellekt das hineinbringen, nur nicht zu früh, weil man sonst alles tötet. Man muß durch erfundene Geschichten wirken und nach und nach das hinüberleiten. Sehen Sie, es ist außerordentlich schwer, bei diesen Dingen auf Erfolg hinzuweisen, weil die Erfolge nicht beachtet werden. Aber es würde eben mancher Kleptomane nicht da sein, wenn man, wenn sich solche Symptome zeigen, wie ich sie besprochen habe, ganz früh anfangen würde mit solchen Geschichten. Die wirken doch immer, nur darf man nicht die Geduld verlieren. Man kann sicher sein, daß man bei einem solchen Kinde oftmals, wenn die Sache arg eingefressen ist, erst nach sehr langer Zeit etwas erreichen kann.»[17]

Wie ein Gegenbild zur Kleptomanie wirkt der im zehnten Vortrag des «Heilpädagogischen Kurses» beschriebene Fall eines sechzehnjährigen Jungen, der deutlich ausgeprägte Interessen und auch «ein ganz bestimmtes Können» hatte. Er besaß auch – was in dem Vortrag nicht geschildert ist – ein außerordentlich einseitig entwickeltes Gedächtnis und konnte auf Anhieb zu jedem Datum den Wochentag sagen. Noch nach Jahren erinnerte er Geburtstage von Menschen, die er nur einmal gesehen hatte. Auf die Frage, was er mache, wenn es bei einer Kaffeegesellschaft noch zwei Stücke Kuchen zu verteilen gäbe, ein großes und ein kleines, und er sollte noch davon bekommen, antwortete er: «Ich nehme ein Messer und schneide beide Stücke durch und esse je die Hälfte.»[18]

Er war sehr gutwillig und hatte ein starkes Gerechtigkeitsempfinden, jedoch eine «abnorm lange Leitung». Er konnte sich zwar auf eine naheliegende, überschaubare Aufgabe sofort ganz einstellen, brauchte aber – wenn es sich zum Beispiel um eine Rechenaufgabe handelte – außerordentlich lange zur Lösung.

In seiner Schilderung des Jungen sagt Rudolf Steiner unter anderem folgendes: «Nun handelt es sich darum, daß der Junge, wenn man verfolgt, wie sich seine Interessen abspielen, durchaus die Interessen hat so, daß sie in der Kopforganisation bleiben. Sie können nicht hinunter in die übrige Organisation.

Für diese Sache ist ein kleines Stückchen ganz bezeichnend. Sie sahen, er kam mit seinem kleinen Kodak und wollte uns aufnehmen, er besorgte das ganz ordentlich und besorgte es mit tiefgehendem Interesse. Nun versuchte ich ihm nachher zu sagen, er solle noch eine andere Aufnahme machen. Dazu wäre aber nötig gewesen, daß er sich erst den Film geholt hätte, daß das Interesse weitergegriffen hätte als das, was unmittelbar nahe lag. Da sträubte er sich. Dazu war er nicht zu bringen. Wenn ihn ein Interesse im Augenblick ergreift, ist er ganz da. Soll er aber das hinunterbringen in das Stoffwechsel-Gliedmaßensystem, sträuben sich sein Ätherleib und physischer Leib ganz mächtig. Und gerade da ist es notwendig, daß in diesem Lebensalter immer mehr, trotzdem es schwieriger wird wie früher, immer mehr mit einer pädagogischen Therapie eingegriffen werden muß, was notwendig macht, daß man diejenigen Dinge, die er mit einem gewissen Interesse verfolgt, als Ausgangspunkt nimmt, von da aus aber durchaus weitergeht, um den Interessenkreis nach allen Seiten hin zu erweitern. Man wird bei diesem Jungen ganz besonders viel erreichen, wenn man den immerhin ganz gesunden Instinkt berücksichtigt, den er trotzdem in sich hat. Man sieht nämlich immer, daß gesunde Instinkte bei abnormen Organisationen dennoch vorhanden sind. Der Junge wird sogleich eine Erweiterung des Interessenkreises erfahren, wenn man ihn hinleitet auf Dinge, zu denen Geschicklichkeit notwendig ist.

Er kann zunächst jenen Weg, der gemacht wird von der Kopforganisation zu der Stoffwechsel-Gliedmaßenorganisation und, wie Sie gehört haben von mir, darüber hinaus, er kann diesen Teil des Weges schwierig besorgen, weil da keine Perzeptionsfähigkeit vorhanden ist. Auch nicht jene leise, die bei einem normalen Menschen vorhanden ist. Dagegen, sieht er das, was er selber vor sich hat, sieht er die Geschicklichkeit seiner eigenen Gliedmaßen, wird er daran große Freude haben. Man muß ihn also Sachen machen lassen, an denen er die Geschicklichkeit seiner eigenen Gliedmaßen sieht. Das wird insbesondere dadurch gefördert werden können, daß man ihn heileurythmische Übungen machen läßt mit Beinen und Händen, aber dabei in einem ganz energischen Maße die Zehen und die Finger zur Beweglichkeit bringt und ihn seinen Blick auf diese ganzen Bewegungsvorgänge der Gliedmaßen richten läßt, sich also selber ansehen läßt.»

Aus dieser Darstellung geht hervor, daß dieser Junge nicht – wie ein Kleptomaner – unbewußten Bewegungsantrieben ausgeliefert war, sondern vielmehr die entgegengesetzte Schwierigkeit hatte, sich überhaupt in Bewegung zu bringen. Sein Interesse war auch nicht kurzzeitig wie beim Kleptomanen, sondern blieb über lange Strecken bei der Sache. Zwar fehlte es auch hier am bewußten Mitvollziehen der Gliedmaßenbewegungen, aber dieses konnte durch Ermunterung impulsiert werden, ohne daß eine moralische Einflußnahme durch den Erzieher erforderlich war. Er durfte reine Freude haben an der Geschicklichkeit seiner Gliedmaßen und konnte auf diese Weise zu einer allmählichen Erweiterung seines Interessenkreises kommen.

Für ähnlich geartete jüngere Kinder empfiehlt Rudolf Steiner, «sie mit ihrem Kopfe ihre Füße erreichen zu lassen»:

«Wenn Sie das selber probieren, werden Sie sehen, daß das eine schwierige Prozedur ist. Aber es ist gut, wenn man Kinder, die es schwer haben in dieser Hinsicht, dazu bringt, daß sie ihre eigenen Zehen küssen können. Dann ist es auch gut – und es wird immer wirken, es könnte sogar bei diesem Knaben noch außerordentlich segensreich sein –, wenn man solche Kinder veranlaßt, daß sie zwischen der großen Zehe und der nächsten Zehe den Bleistift halten und damit einzelne Buchstabenformen zuwege bringen und dann daran ihre Freude haben, zu schreiben mit dem Fuße. Das könnte vielleicht auch noch bei diesem Jungen ganz gute Dienste leisten. In solchen Fällen wird ihm dann – und das ist auch eine Art Heileurythmie, wenn er lernt, mit den Zehen zu schreiben – die Heileurythmie große Dienste leisten können.»[19]

Wie stark die «in der Kopforganisation bleibenden» Interessen bei dem eben erwähnten sechzehnjährigen Jungen waren, kann an einer Denkaufgabe deutlich werden, die er sich selber stellte:

«Wie wäre es, wenn man in Jena [wo er im Heim lebte] einen Ozeandampfer baute, und was ist nötig, um ihn dann zum Meer zu bringen?» Er dachte dieses Problem sinnvoll und erfindungsreich durch.[20]

Auch in dieser scheinbar nebensächlichen Leistung wird der Unterschied zum Interessendefekt des Kleptomanen bemerkbar.

Für einen im elften Vortrag des «Heilpädagogischen Kurses» kurz erwähnten sechzehnjährigen kleptomanen Jungen hatte Rudolf Steiner unter anderem den Hinweis gegeben, «man solle ihn anregen, Sachen auszutüfteln, kleine praktische Probleme zu lösen, zum Beispiel wie eine Eisenbahnwagentür so eingerichtet werden könnte, daß sie beim Besteigen des Trittes sich selbsttätig öffnet und sich dann ebenso wieder selbsttätig schließt ...»[21]

Die Erzieher gaben sich zwar alle Mühe, das Interesse des Jungen auf dieses Problem zu lenken, aber er kam trotz seiner hohen Intelligenz nicht zu einem brauchbaren Ergebnis.

Innerlich hat er sich aber an solchen und ähnlichen Aufgaben stabilisieren können, wurde später Krankenpfleger und ein guter Familienvater.[22]

Die Übungen waren bei ihm so anzulegen, daß die Eindrücke, auf die man sein Interesse lenkte, so ausgewählt wurden, daß dabei an schon Erlebtes angeknüpft wurde. Denn er sollte lernen, sein Begehren in Selbstbesinnung zu steuern. Daher wurde ihm auch aufgetragen, Tagebuch über sich zu führen.

Beim vorher besprochenen Jungen war im Gegensatz dazu das Interesse auf die eigene Gliedmaßentätigkeit hinzulenken, um an deren selbsterlebter Geschicklichkeit beweglich zu werden und «den Interessenkreis erweitern» zu können.

Sich Halt geben durch innere Selbstbeobachtung beim Kleptomanen – sich beweglich machen und ausweiten durch äußere Selbstbeobachtung beim Schwerfälligen – diese beiden Zielrichtungen stehen sich hier diametral gegenüber.

Daß dazwischen noch eine dritte Möglichkeit besteht, kann an dem im sechzehnten Vortrag des Kurses geschilderten fünfzehnjährigen Mädchen mit unförmig ausgebildeter Mund-Kinn-Partie und übermäßiger Eßlust deutlich werden. Bei diesem Mädchen «erweist sich die astralische Organisation als viel zu schwach, das Ich festzuhalten gegenüber jenen Versuchungen, die beim Menschen entstehen, wenn er ißt, das Essen, das Schmecken gar zu süß, zu lieblich, zu wohltuend zu empfinden. Wenn der astralische Leib nicht genügend tätig ist in der Region des unteren Antlitzes, dann werfen sich die Lippen besonders am Munde auf, weil eine zu starke Wollust mit dem Schmecken, mit dem Verarbeiten der Speisen schon im Munde vorhanden ist.»

Rudolf Steiner erklärte den damaligen Betreuern des Mädchens (die es allerdings nur ambulant zu versorgen hatten), daß zwischen dem dritten und vierten Lebensjahr eine auffallende Unregelmäßigkeit aufgetreten sein müsse. Dies wurde von der Mutter des Mädchens später bestätigt: es war «okkultes Fieber» diagnostiziert worden.

«Dieses okkulte Fieber trat auf, es war eine besondere Schwäche in diesem Zeitraum vorhanden zwischen dem dritten und vierten Jahr, es war eine besondere Schwäche des astralischen Leibes. Der physische Leib und der Ätherleib machten eine Reaktion, und es entwickelten sich diese dann zu stark, es konnte nicht mehr nach der astralische Leib. Daher ist es bei diesem Kinde ganz besonders notwendig, daß man erstens weiß: hier tritt mit dem dritten Jahre ein merkwürdiges Verkümmern, In-sich-Verkrampfen des astralischen Leibes ein; ich muß dem nachhelfen. Dem muß ordentlich nachgeholfen werden, und das kann man auf pädagogische Weise dadurch, daß man das Interesse beweglich macht.» Hier spricht Rudolf Steiner ausschließlich vom Beweglichmachen des Interesses, gibt aber keine genaueren Anweisungen dafür. Das Mädchen wurde später doch noch in eines der Jenaer Heime (in das von Franz Löffler geleitete «Haus Bernhard») aufgenommen und konnte dort bis in die Gesichtsbildung hinein eine Veredelung erfahren. Es gelang, den einseitig auf Eßlust festgelegten Interessenstrom wieder frei zu machen, indem man sie in Küche und Haus helfen ließ, wobei sie sichtlich aufblühte und starken seelischen Anteil an allem nahm, was im Heim vorging.[23]

Bedenkt man die einzelnen Schritte genauer, die in einem solchen Fall unternommen werden können, so ergeben sich folgende Gesichtspunkte:

Ein auf Eßlust einseitig festgelegtes Interesse kann weder durch innere noch durch äußere Selbstbeobachtung in andere Bahnen gelenkt werden, wie dies in den beiden vorher besprochenen Fällen möglich war.

Die Zielrichtung des Interesses muß hier vom eigenen Selbst weg auf andere Menschen gelenkt werden.

Der Übergang hierzu ist auf dem Felde zu finden, wo das vorhandene Interesse festsitzt, also am besten im Küchenbereich.

Vom «Essen für mich» ist umzuschwenken auf «Essen für dich (und für alle anderen)», indem man das Mädchen in der Küche bei der Essenszubereitung helfen läßt und ihm nach der gemeinsamen Mahlzeit das Lob der anderen nahebringt. Es muß Freude an der neuen Zielrichtung erleben dürfen, die es innerhalb seines bisherigen Interessengebietes erfährt.

Danach kann die Richtung auf das Du (und alle anderen) allmählich aus dem Essenssektor herausgelöst und auch auf anderen Gebieten wirksam gemacht werden, zum Beispiel in Haus und Garten. Daran kann sich später noch Werkstattarbeit anschließen, wenn auch sie so gestaltet ist, daß «die anderen, für die ich arbeite» noch erlebt werden können. Auf diese Weise wird sich in solchen und ähnlichen Fällen ein Beweglichwerden der Interessen häufig noch erzielen lassen.

*

Damit sind die verschiedenen Arten der Interessebildung, wie sie im «Heilpädagogischen Kurs» zur Sprache kamen, umrißhaft nachgezeichnet.

Je nach der Art des Willensdefektes, der bei dem betreffenden Kind vorliegt, muß ein anderer Weg eingeschlagen werden, um sein Interesse an der Welt hervorzulocken und weiter auszubilden, so daß damit zugleich eine Überwindung des Willensdefektes bewirkt wird.

Es zeigte sich dabei, wie ein zu schwacher Willensstrom gestärkt, ein auf Abwege geratenes Begehren zurechtgelenkt, ein gestauter Tatendrang zu freiem Fließen gebracht werden kann. Nicht abgezirkelte Kunstgriffe, die vom Erzieher ohne innere Beteiligung mechanisch gehandhabt werden, führen zum Ziel. Aufgerufen ist vielmehr das intensive Engagement des heilpädagogischen Menschenbildners, der zuallererst durch sein eigenes Interesse, durch echte Liebefähigkeit, durch tiefgehendes Verstehen das Interesse des Kindes weckt und den noch verbogenen, aber stets vorauszusetzenden Lernwillen des Kindes auf sich zieht und durch sich hindurch auf die Welt hinlenkt.

Den Pädagogen gesund entwickelter Kinder konnte von Rudolf Steiner der Rat gegeben werden, sich in ihrer *Gedankenrichtung* darauf einzustellen, wie das Kindeswesen aus einer göttlichen Welt hereintritt in das Erdenleben, denn: «Ein Lehrer, der sich beschäftigt mit Gedanken vom werdenden Menschen, wirkt ganz anders auf die Schüler als ein Lehrer, der von alledem nichts weiß, der niemals seine Gedanken dahin lenkt.» [24]

Den Heilpädagogen, für die selbstverständlich das gleiche gilt, gab er darüber hinaus beim Abschluß des «Heilpädagogischen Kurses» noch einen besonderen Wink durch den ermutigenden Zuruf, der alles von ihm in diesem Kurs Gegebene zusammenfaßte und sie in die Richtung wies, in der auch die *Willensdefekte* zu überwinden sind:

«Das zur Kraft, zur Steuer und zum guten Wirken Ihres *Willens,* meine lieben Freunde!» [25]

Rhythmen des Lernens

In drei großen, von Rhythmen durchzogenen Bereichen betätigt sich der Lernwille der menschlichen Ichwesenheit: im Bereich der großen *Schicksals- und Lebensrhythmen,* die alles Menschwerden ermöglichen: im Bereich der *Entwicklungsrhythmen,* die speziell für unseren gegenwärtigen Zeit- und Kulturraum gelten; im Bereich der *bildenden Rhythmen,* die vor allem aus künstlerischen Tätigkeiten erwachsen und im individuellen Bildungsprozeß harmonisierend und heilend wirken können.

Für den Bereich der Schicksals- und Lebensrhythmen gilt im umfassenden Sinne die Aussage Rudolf Steiners: «Sofern ich ein Menschen-Ich wirklich durchforsche, insofern es sich mir in seiner wahren Gestalt zeigt, so finde ich in ihm als vorwiegendste Kraft und als vorwiegendsten Trieb zunächst dies: immer wieder und wieder auf die Erde in immer neue Körper zu kommen, um das Ich-Bewußtsein immer weiter und weiter auszubilden, und immer reicher und reicher zu machen.» [26]

Besonders im Hinblick auf Individualitäten, die in ihrer Entwicklung behindert erscheinen, drängt sich angesichts dieses umfassenden Werdeprozesses der Gedanke auf: «Lernenkönnen ist Schicksal.»

Da stehen wir als Erzieher vor dem Kinde und schauen darauf hin, wie es aus dem Vorgeburtlichen in die irdischen Zusammenhänge hereinfindet. In manchen Fällen erblicken wir ein Ich, das den Inkarnationsprozeß nicht aktiv ergreift, das sich scheut, dieses irdische Lebensschicksal anzutreten; in anderen Fällen erblicken wir ein Ich, das sich vorschnell in diesen Strom stürzt und in Gefahr kommt, an den irdischen Aufgaben zu zerschellen. Immer gilt dennoch: Das Ich will lernen, will reicheren Geistinhalt gewinnen, will in Bejahung zur Welt stehen. Aber es muß im Vorgeburtlichen den Übergang finden von der voraufgehenden Bejahung der Geistwelt, in der es sich von hierarchischen Wesen durchwaltet erlebte, zur neuen Bejahung des Erdenschicksals, das nun vor ihm liegt.

Das ist die große Wandlung, die vorgeburtlich zu leisten ist: die Wandlung vom Mitschwingen im Götterkosmos zum Sich-Einschwingen in die Anforderungen eines irdischen Einzeldaseins.

Und nicht immer reicht die Kraft zur Wende der Bejahung voll aus. Dann bedarf es rhythmisierender Hilfen im späteren Erziehungsverlauf, die dem Ich das Vollziehen der Wende erleichtern; jener beweglichen Wende, die auch noch während des ganzen Erdenlebens als eigentlicher «Ich-Rhythmus» im Wechsel von Schlafen und Wachen nachschwingt. Jeden Tag neu wendet sich das Ich, anfänglich in kraftvoller Bejahung, zur wahrnehmbaren Außenwelt hin, ermattet darin jedoch mehr und mehr und geht schließlich in den Schlaf; da aber darf es wieder jene Geistwelt voll bejahen, in der es sich für den kommenden Tag kräftigt. So führt der Schlaf-Wach-Rhythmus als *Lebensrhythmus* den großen *Schicksalsrhythmus* von Exkarnation und Inkarnation in kleineren Schwingungen weiter. Einwirkungen in diesen Lebensrhythmus pflanzen sich daher auch in den großen Schicksalsrhythmus hinein fort, das heißt im günstigsten Falle, sie verlebendigen die «Wendefähigkeit» des Ich, machen es schwingungsfähiger nach beiden Seiten: hin in die Geistwelt, herein in das irdische Lebensschicksal.

Will der Heilpädagoge hier unterstützend eingreifen, so

kann er sich mannigfacher künstlerischer Mittel bedienen. Er wendet sich dem großen Gebiet der *bildenden Rhythmen* zu und wählt aus, was ihm für die Behebung einer bestimmten Rhythmus-Störung hilfreich erscheint. Er erlebt seinen besonderen heilpädagogischen Auftrag unter dem Gedanken «Lernen fördern ist Erziehungskunst».

Für die Harmonisierung des Ein- und Ausschwingens, wie es oben beschrieben wurde, wird er vielleicht – neben der bekannten Bewegungsübung «Ballen und Spreizen» – einwickelnde und auswickelnde Spiralen anwenden.

Dem «flüchtigen» Kinde hilft die einwickelnde Spirale (gelaufen oder auch nur wiederholentlich gezeichnet), sich selbst im eigenen Leibe besser zu verankern; dem «festgefahrenen» Kinde hilft die auswickelnde Spirale, sich freier hinzugeben. Jedoch wird in den meisten Fällen eine solche Direktwirkung erst dann zu erzielen sein, wenn zuvor durch eine gewisse Zeit der Wechsel von Einwickeln und Auswickeln in rhythmischem Spiel erübt wurde – wobei am Anfang stets das Prinzip «Gleiches mit Gleichem ansprechen» beachtet werden will. Also: das flüchtige Kind beginnt mit einer auswickelnden Spirale und lernt, sie überzuführen in eine einwickelnde (Zeichnung 1).

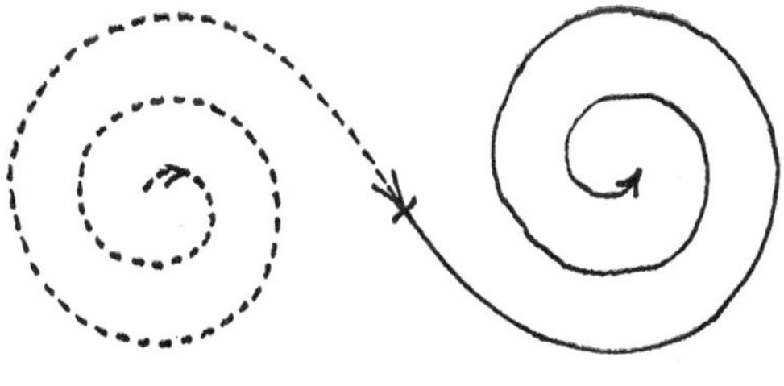

Das festgefahrene Kind beginnt mit einer einwickelnden Spirale und lernt, sie überzuführen in eine auswickelnde (Zeichnung 2).

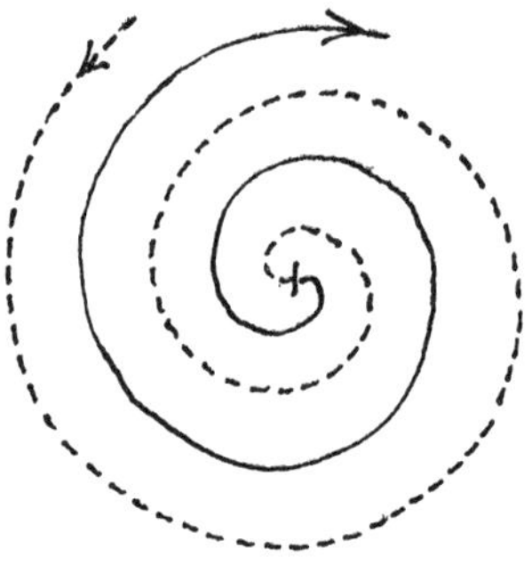

Eine rhythmische Zeichenübung der einwickelnden beziehungsweise auswickelnden Spirale kann an der Wandtafel so gestaltet werden, daß abwechselnd die oberen Bögen betont werden, die unteren unbetont oder sogar unsichtbar bleiben und umgekehrt:

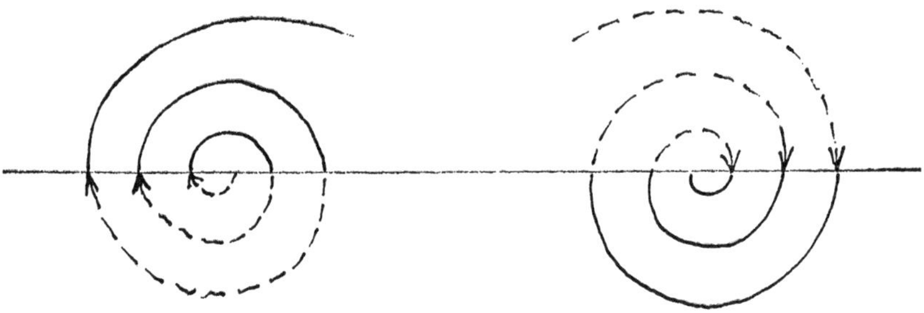

Auf diese Weise ist «Nachdruck und Lösung» als ein besonderes Wechselspiel mit Einwickeln beziehungsweise Auswickeln in Verbindung gebracht.

Bei derartigen Übungen ist es aufschlußreich, den *Atmungsprozeß* zu beobachten, der sich dabei oft in charakteristischer Weise wandelt. Der Rhythmus von Einatmung und Ausatmung gehört ja gleichfalls zu den *Lebensrhythmen;* in ihm schwingt jedoch der Astralleib, Sympathie und Antipathie entfalten sich auf seinen Wogen, solange der Mensch im Wachzustand ist. Im Schlaf verändert sich der Atemrhythmus; er ist sich selbst überlassen und beruhigt sich, und der Astralleib geht nun seine eigenen Wege. Diese «eigenen Wege», die unser seelischer Organismus im Schlafe gerne gehen darf, werden am Tage leicht zu «eigensinnigen» Wegen, wenn es nicht gelingt, schon in der Kindheit eine geregelte Verbindung zum Zentralnervensystem herzustellen. Der Regler hierfür ist der Atemprozeß. Umgibt er im rhythmischen Gleichmaß von Einatmung und Ausatmung das Gehirn harmonisch mit anschwellendem und abschwellenden Flüssigkeitsdruck, dann wird dieses für den Astralleib «rhythmisch bewohnbar». Die Seele gewöhnt sich ein in das Zusammenspiel von Blut und Nerv und findet dabei eine neue polare Entfaltungsmöglichkeit: sie entwickelt Phantasie und Gedächtnis. Daher ist dem Atemprozeß des Kindes größte Aufmerksamkeit zu schenken. Gesunde Beseelung des Atmens durch lebendiges Unterrichten im Rhythmus von Anspannung und Entspannung, Heiterkeit und Ernst, passiv zuhörender und aktiv tätiger Beanspruchung ist eine Hauptaufgabe echter Erziehungskunst.

Durch besondere *bildende Rhythmen* kann hier noch spezieller – im Sinne des Ausgleichens individueller Schwächen – gewirkt werden. Im Umgang mit den Kindern lernt der Erzieher bald abspüren, wie diese bildenden Rhythmen *entwicklungsgemäß* einzusetzen sind. Er wird aufmerksam auf den Bereich der *Entwicklungsrhythmen* und erfährt an der Art, wie die Kin-

Schicksals- und Lebensrhythmen
«Lernenkönnen ist Schicksal»

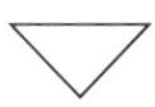

Bildende Rhythmen
«Lernen fördern ist Erzichungskunst»

Entwicklungsrhythmen
«Lernfähigkeiten sind altersgebunden»

der seinen fördernden Maßnahmen entgegenkommen, die umfassende Bedeutung der Einsicht: «Lernfähigkeiten sind altersgebunden».

Verfrühungen und Verspätungen (Retardierungen) einer Kindesentwicklung werden ihm einfühlbar. Er unterläßt es zum Beispiel bei einem Kind im Vorschulalter (vor dem siebten Lebensjahr) etwa, «Gedächtnisschwäche» zu konstatieren, wenn es die Zahlenreihe bis zehn nicht behalten kann. Er weiß: Gedächtnisfähigkeit setzt entsprechende Organreife (Gehirn- und Zahnbildung) voraus. Verfrühungen in der Gedächtnisbildung sind einerseits zwar möglich und werden häufig sogar als Zeichen besonderer Begabung mißverstanden, stören jedoch die Organbildeprozesse. Andererseits weisen Verspätungen in der Gedächtnisbildung, wie sie im Schulalter auftreten können, darauf hin, daß die Geistseele des Kindes den Leib im Bildekräftebereich nicht genügend aktiv ergriffen hat. Im Schulalter muß daher die Gedächtnisschwäche heilpädagogisch behandelt werden; ebenso auch ihr Gegenbild, die Gedächtnisstarre.

Eine geeignete Behandlung beider Abirrungen kann gefunden werden, sobald man erkennt, wie der Rhythmus von Erinnern und Vergessen, dessen Wechselspiel die Gedächtnisbildung begleitet und bestimmt, natürlicherweise in den Lebensrhythmus von Wachen und Schlafen einschwingt und in ihm beheimatet ist.

«Vergessen» ist Einschlafen von Vorstellungsinhalten, «Erinnern» ist Wiederaufwecken von Vorstellungsinhalten. Im tiefen Schlafzustand «vergessen wir alles», im hellen Wachsein «fällt uns alles wieder ein». Wir «vergessen» im Schlaf, weil wir das Aufgenommene leiblich verarbeiten: wir verweben es in den Leibesaufbau. Wir «erinnern» im Wachen, indem wir Aufgenommenes dem Leibe wieder abringen; wir entringen es dem Leibesabbau. Ein vergeßliches Kind verarbeitet auch untertags im Übermaß das Aufgenommene schlafartig in den Leibesaufbau. Ein zwangshaft gedächtnisstarres

Kind setzt auch im Schlafzustand noch abbauende Weckprozesse fort; es kann nicht vergessen und leidet an gesundheitsschädigenden Schlafstörungen. Ihm möchte man das Einschlafen erleichtern. Dem gedächtnisschwachen Kinde dagegen möchte man das Wachsein stärken.

Für ein gedächtnisschwaches Kind eignen sich daher am besten solche Übungen, die im Wachzustand scharfe Akzente setzen, welche auch im Schlafzustand noch nachvibrieren, so daß «Anknüpfungspunkte» erhalten bleiben, die das Erinnern im darauffolgenden Wachzustand erleichtern.

Ein Beispiel aus dem Bereich des Malens, vorgeschlagen von Rudolf Steiner im sogenannten «Oxford-Zyklus»: Das Kind wird angeleitet, so zu malen, «daß die Farben in die Länge gehen, daß das Farbige in das Zeichnerische übergeht, daß Schlingen eintreten, die auf das Zeichnen hinweisen, die Farben nicht sehr differenziert ...»

Diese kreuzungsbildende Farbenform kann in ihrem unteren Teil den Eindruck erwecken, als ziehe man ein mit Fischen gefülltes Netz an Land. Was sonst allzusehr im Unbewußten verfließt, wird hier zusammengefaßt, festgehalten, auf den Boden der Bewußtheit gebracht.

Im Gegensatz dazu braucht das gedächtnisstarre Kind, das die in seinem Bewußtsein stehenden Vorstellungen nicht vergessen und verarbeiten kann, eine Hilfe zum Loslassenkönnen, zum ausbreitenden Dahinschwinden: «Da muß ungefähr so etwas entstehen: da wird solch ein Farbenfleck sein (gelb), dann wird weitergehend solch ein Farbenfleck irgendwie sein (lila), denn auf die Harmonik der Farben kommt es an. Dann wird ein Übergang sein (orange), der Übergang wird noch weiter verteilt sein, und das Ganze wird vielleicht, um nach außen einen Abschluß zu bekommen, etwa so nach außen schließen (blau).» [27]

Im Ganzen erinnert diese Farbenform an das kreisförmig sich ausbreitende Wellenspiel, wenn man einen Stein ins Wasser wirft, der in der Tiefe versinkt.

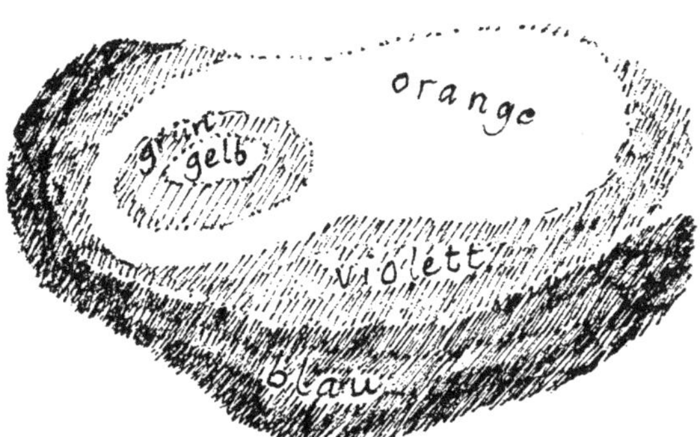

Die überkreuzende, Schlingen bildende «zeichnerische» Malweise weckt auf und konzentriert; sie appelliert an das beobachtende Auge, an den korrigierenden Kopf. Das breitflächig «malende» Arbeiten hingegen, das mit harmonischen Farbkontrasten spielt, spricht mehr das Gefühl an und bewirkt, daß das Kind sich und die allzu grelle Bewußtheit seines Kopfes mehr und mehr in der Hingabe an den Schaffensprozeß vergessen kann.

Es ist selbstverständlich, daß Übungen dieser Art erst in regelmäßig wiederkehrender Anwendung einen nachhaltigen Erfolg versprechen, also erst dann, wenn sie zum freudig ergriffenen Rhythmus im Lernprozeß des Kindes werden.

Außer der Gedächtnisbildung bringt das zweite Jahrsiebent noch eine Reihe wichtiger anderer Aufgabenstellungen mit sich. Diese wachsen dem Kinde zu, indem es gleichzeitig die entsprechenden Fähigkeiten zu ihrer Bewältigung entwickelt. Ein Beispiel, das als Entwicklungsbild dienen kann, mag die bemerkenswerten Umschwünge im zweiten Jahrsiebt verdeutlichen:

Jeder kennt das schöne Spiel, flache Kieselsteine durch eine entsprechende Wurfbewegung mehrmals über eine Wasseroberfläche hüpfen zu lassen. Ein Kleinkind wird sich zu diesem Spiel anders verhalten als ein Kind im ersten Schulalter, dieses wieder anders als ein älteres Kind. Das Kleinkind wird im allgemeinen den Vorgang mit eigener lebhafter Bewegung begleiten, wird sich aufführen, als sei es selber der Werfende, obgleich es nur mitmacht, was der Erwachsene ihm zeigt; ja, es wird vielleicht sogar mehrmals hochspringen und dazu in die Hände klatschen, als sei es selber auch der Kieselstein, der über das Wasser hüpft.

Das Schulkind wird den Vorgang im allgemeinen wesentlich ruhiger mitmachen. Im Unterschied zum Kleinkind, das vielleicht auch schon selber einen Kieselstein aufhebt, ihn aber dann einfach fröhlich in die Luft oder ins Wasser wirft, wird das angehende Schulkind einerseits die Wurfbewegung genauer nachvollziehen wollen. Am hüpfenden Stein wird es sich andererseits mehr innerlich begeistern, wird innerlich mithüpfen, ohne unbedingt auch äußerlich in Bewegung zu geraten. Vielleicht wird es anschließend auf dem Nachhauseweg auffallend oft im Wechselschritt hüpfen oder durch sonstige rhythmische Bewegungen oder Sprünge zeigen, daß das Erlebnis des hüpfenden Steins noch in ihm nachvibriert.

Das ältere Schulkind (neuntes bis elftes Lebensjahr) wird immer sorgfältiger beobachten, mit welcher Wurfbewegung und bei welcher Form des Kieselsteines die besten Ergebnisse erzielt werden. Es wird danach streben, sich in seinen Wurfleistungen durch übendes Anpassen an die Naturgegebenheiten zu verbessern; es wird den Naturrhythmus als solchen zu erfassen und zu beherrschen trachten.

Eine weitere Stufe, etwa ab dem zwölften Lebensjahr, wird vom Kinde erreicht, indem es jetzt auch verstehen lernt, wie sich das Phänomen des hüpfenden Kieselsteins erklären läßt. Es interessiert sich jetzt über das bloße Spiel und den Leistungswettbewerb hinaus auch für die Gesetzmäßigkeiten, die in diesem Fortgang wirken. Es «übt» nicht mehr nur die Wurfbewegung, sondern beginnt, im Üben zu experimentieren und neigt sogar dazu, die Ergebnisse seiner «Forschungen» den Altersgenossen in einem – oft frei erfundenen – «Fachjargon» kundzutun.

Überschaut man anhand eines solchen Entwicklungsbildes die hier vollzogenen Lernschritte, so zeigt sich zweierlei: eine Abnahme der kindlichen Ursprünglichkeit im Bewegungsgeschehen und eine Zunahme der Bewußtwerdung und intellektuellen Einsicht. Damit sind Prozesse erkannt, die in einer gewissen Gegenläufigkeit zueinander stehen und als solche das ganze zweite Jahrsiebt in einen deutlich gegliederten Ablauf bringen.

Dabei lassen sich deutlich drei Stufen unterscheiden, die an ein bestimmtes Alter des Kindes gebunden sind.

Erste Stufe, etwa siebtes bis neuntes Lebensjahr: Das Kind wandelt sich von einem «inneren Plastiker» zu einem «inneren Musiker». Als «innerer Plastiker» hat es die Anregungen der

Mitwelt nachahmend aufgenommen, um sie als Gestaltungsimpulse für die eigene Organbildung zu verwenden. Es war noch «ganz Bewegung». Jede Geste, die es von einem anderen Kind oder von einem Erwachsenen übernehmen konnte, hat es in den ihr entsprechenden organischen Begleitprozeß seiner Leibesbildung unmittelbar einverwoben. Es entfaltet sich in aller Ursprünglichkeit als eine durch und durch bewegliche und «in Bewegung gedeihende» Leib-Seele-Einheit. Als «innerer Musiker» gewinnt das angehende Schulkind nun einen neuen Bewegungsraum in der eigenen Seele. Es hebt sich innerlich ab von den jetzt schon verfestigten leibgestaltenden Tätigkeiten. Es befreit sich aus den festgelegten Strukturen und wendet sich mit vermehrter Innerlichkeit den beweglicher gebliebenen Bereichen des eigenen Organismus zu. Diese findet es im Atmungs- und Zirkulationsgeschehen. Dort herrscht ein lebendiges Zusammenspiel rhythmischer Vorgänge, worin sich die Seele unmittelbar «aufgehoben» fühlen kann, weil es ihr die Möglichkeit gibt, frei darin mitzuschwingen.

Im sogenannten «Weihnachtskurs für Lehrer» schildert Rudolf Steiner diese Stufe folgendermaßen, indem er zunächst den Übergang von der frühen Kindheit zum Schulalter charakterisiert und dann auf das letztere umfassend eingeht:

«Vorher strömen gewissermaßen die Kräfte von ihrer ausgiebigsten Tätigkeit in der plastischen Gestaltung des Gehirns immer hinunter in den übrigen Organismus, und sie wirken plastisch gestaltend, sie greifen direkt ein in das Substanzielle, in das Stoffliche des Menschen. Sie bewirken dort Stoffprozesse.

Das wird anders mit dem Zahnwechsel. Da werden gewisse Kräfte mehr geistig-seelisch, und sie greifen jetzt nur ein in die Bewegungen, die sich im Herz-, im Atmungsrhythmus äußern. Sie wirken nicht mehr in demselben Maße in den stofflichen Vorgängen wie früher, dagegen abgetrennt von dem Körperlichen in das Atmungs- und Zirkulationssystem. Man kann das auch leiblich bemerken, indem der Atmungsrhythmus, der Zirkulationsschlag stärker wird in diesem Lebensalter.

Das Kind hat in diesem Lebensalter einen inneren Drang, einen inneren Trieb, dasjenige, was es allmählich als selbständiges Geistig-Seelisches hat, zu erleben, allerdings unbewußt, instinktartig, als Rhythmus, als Takt, aber als Rhythmus und Takt, die sich zunächst im eignen Leib abspielen. Und es hat eine Sehnsucht nach diesem Abspielen von Rhythmus und Taktmäßigem in der eigenen Organisation. Es ist notwendig, zu berücksichtigen, daß man alles, was man an das Kind nach dem Zahnwechsel heranbringt, in einer solchen taktmäßigen, rhythmischen Weise gestaltet, damit es sich in dasjenige eingliedert, was das Kind eigentlich haben will. Man muß gewissermaßen als Lehrer und Erziehungskünstler in einem taktmäßigen, rhythmischen Elemente leben können, damit das an das Kind heranschlägt und das Kind sich in seinem Elemente fühlt ...

Das Kind hat bis zum neunten Jahre hin durchaus das Bestreben, alles rhythmisch, taktmäßig im Inneren auszuleben. Wenn das Kind – das kann man durchaus durch einen schauenden Blick, der auf die innere seelische Organisation des Kindes eingehen kann, erkennen –, wenn das Kind in diesem Lebensalter Musik hört, dann setzt es eigentlich das ganze Musikalische in inneres Taktmäßiges, Rhythmisches um. Es vibriert mit. Es bildet innerlich dasjenige nach, was es äußerlich wahrnimmt.»

Im zweiten Stadium tritt eine Wendung zur Umwelt ein: «Und hat das Kind etwa das neunte Lebensjahr vollendet, dann bekommt es bis zum zwölften Lebensjahr hin erst ein Verständnis für Rhythmus und Takt an sich, für das Melodiöse an sich. Es will jetzt nicht mehr so stark das Rhythmische, das Taktmäßige im Innern nachbilden; es faßt es als solches, als Gebilde, das außer ihm steht, auf. Vorher erlebt das Kind Rhythmus und Takt; nachher fängt es an, Verständnis, Auffassungsgabe dafür zu entwickeln. Das dauert nicht nur dem Musikalischen, sondern allem gegenüber, was ihm in der Welt entgegentritt, bis gegen das zwölfte Jahr hin.»

Im dritten Stadium vollzieht sich das Abstrahieren, das Abstandnehmen vom Rhythmen-Erleben: «Gegen das zwölfte Jahr, schon etwas früher, beginnt dann beim Kinde erst die Fähigkeit, dasjenige, was vorher nur phantasiegemäß musikalisch, rhythmisch, taktmäßig erlebt sein will, in das bloß Gedankenmäßige überzuführen.

Man kann für alles, was seelisch erschaut wird, durch den schauenden Blick auch die äußeren leiblich-physischen Mitwirkungen sehen ... Jetzt, gegen das zwölfte Jahr hin, beginnt das Kind nicht mehr bloß in Rhythmus und Takt leben zu wollen, sondern das Rhythmus- und Taktgefühl in Abstrakt-Gedankliches auslaufen zu lassen, so wie in dieser Zeit allmählich sich immer mehr und mehr der Teil des Muskels verstärkt, der in die bloße Sehne ausläuft. Vorher ist alles Bewegen mehr auf den Muskel als solchen gerichtet, nachher auf dasjenige, was in die bloße Sehne ausläuft. Alles, was im Seelisch-Geistigen vor sich geht, findet man im Leiblich-Physischen wieder. Und dieses Einbeziehen des Sehnenlebens, der Verbindung von Knochen und Muskel, das ist der äußere, physische Ausdruck für das Hineinsegeln aus dem bloß gefühlsmäßigen rhythmischen, taktmäßigen Elemente in dasjenige, was nun logisch ist, was nun nicht mehr Rhythmus und Takt hat. Dem, was man da durch Menschenkenntnis sich erwirbt, muß man aber durchaus in der Erziehungs- und Unterrichtskunst entgegenkommen.»[28]

Die Fragen, vor die uns diese Ausführungen Rudolf Steiners stellen, lauten: Wie kann der Erzieher – und insbesondere der Erzieher behinderter Kinder – diesen Entwicklungsschritten des Kindes im zweiten Jahrsiebt gerecht werden, und wie kann er sie forcieren, wenn Erschwerungen und Verzögerungen eintreten?

Wir sprachen bereits von der Gegenläufigkeit zweier Grundtendenzen im Lernprozeß des zweiten Jahrsiebts. Die eine Grundtendenz trägt Züge der frühen Kindheit – ursprüngliche Bewegungsfreude und schöpferische Phantasie – und führt sie herüber in die beginnende Schulzeit. Die andere Grundtendenz wirkt aus der Zukunft heran und fordert Selbstbewußtsein und Weltzuwendung in besonnener Gedankenarbeit und geschickter Gliedmaßentätigkeit. Weder darf die erste, als Repräsentantin der Kindheitskräfte, zu lange die Oberhand behalten, noch darf die zweite, als Repräsentantin der Jugend- und Erwachsenenkräfte, zu früh zur Alleinherrscherin werden.

Die Ablösung des Mitgebrachten durch das Zukünftige muß harmonisch, dem Rhythmuswesen des Kindes angepaßt, geschehen. Das Eingangstor hierfür ist ein subtiler seelischer Rhythmus, den jeder Erzieher wahrnimmt, den er aber oft nicht in seiner vollen Bedeutung erfaßt: der Rhythmus von Zuwendung und Abwendung. Er verläuft bei jedem Kinde anders, kann sich aber auch einstimmen auf den Rhythmus der übrigen Kinderschar, die dann als ganze aufmerksam oder unaufmerksam wird. Er hängt ab von der Art der Ansprache durch den Lehrer oder Erzieher und davon wie in dieser Ansprache gleichfalls Zuwendung oder Abwendung mitschwingt. Viele andere Faktoren, die hier nicht aufgezählt werden können, beeinflussen ihn. Er kann in seinen beiden Entfaltungsrichtungen erlahmen; die Zuwendung kann nachlassen durch Ermüdung, die Abwendung, die vielleicht bis zum Widerwillen ging, mag durch gutes Zureden wieder aufgelöst werden. Zum Tagesbeginn schwingt dieser seelische Rhythmus lebhafter und bettet das Seelenwesen des Kindes harmonisch in die nachts regenerierte Leiblichkeit ein. Gegen Mittag läßt die Intensität in diesem Rhythmus deutlich nach, steigert sich wieder am Nachmittag und verliert sich am Abend in das beginnende Schlafbedürfnis.

Die Ermüdung hat einen zweifachen Ursprung: einerseits die Kopftätigkeit, andererseits die Gliedmaßentätigkeit. Beide laufen Sturm gegen die schwingende Mitte, die sich im

Atem- und Blutrhythmus unermüdlich zur Wehr setzt, aber nicht stark genug ist, um auch den seelischen Rhythmus von Zuwendung und Abwendung in einem steten harmonischen Schwingen zu erhalten.

Stärkung wird ihr zuteil, wenn künstlerische Anregungen in entsprechender Abstimmung im Unterrichtsgeschehen wirken.

Künstlerisches kann nämlich in beiden Richtungen, zur Kopftätigkeit und zur Gliedmaßentätigkeit hin, der Ermüdung entgegenwirken. In die denkerische, salzablagernde Kopftätigkeit bringt es Belebung, indem es die Aufmerksamkeit auf wandlungsfähige Phantasiegestaltung lenkt, wo sich sonst zu früh bestimmte Vorstellungen festfahren würden. Es wirkt «maßvoll verhärtend im Wachen» dadurch, daß es schöpferischen Reichtum in der Seele weckt und diese veranlaßt, zu einer allmählichen Sichtung und Gliederung aus eigener Kraft zu kommen. In dieser Richtung wirkt also Künstlerisches als Weckerin des Bedürfnisses, den Reichtum, den es in die Seele brachte, systematisch abzubauen und daran in gesunder, weniger ermüdender Weise die eigene Intellektualität zu entfalten.

In der Richtung auf die Gliedmaßentätigkeit dagegen erzeugt Künstlerisches «Hunger nach den richtigen Körperbewegungen»[29].

Das hängt damit zusammen, daß jede echte künstlerische Tätigkeit aus den Bewegungskräften der menschlichen Mitte lebt, gern zur rhythmischen Gliederung greift und zwei Auswüchse vermeidet: die kräftezehrende Überbeweglichkeit und die einseitige Bewegungsroutine. Am sichtbarsten wird dies in der Eurythmie, insofern sie sprachlichen oder musikalischen Intendierungen folgt und diese in fließenden Körperbewegungen vergrößert ausgestaltet. Befriedigung – sowohl beim Ausführenden wie beim Betrachter – tritt dann ein, wenn die Bewegungen «stimmig» sind zum gesprochenen Wort oder zur erklingenden Musik.

Es kann also von einem «Hunger nach Stimmigkeit» in den Bewegungen gesprochen werden, der allen Menschen eigen ist und beim Kind noch besonders kultiviert werden kann. Eine gesunde Folge solcher Förderung zeigt sich darin, daß die Kinder nachts ruhiger schlafen und morgens erfrischter erwachen, als wenn sie untertags nur «sich austobten» oder in den Zwang turnerischer Geräteübungen beziehungsweise endloser Trainingsprogramme eingespannt waren.

Eine andere gesunde Folge besteht darin, daß die Kinder bis in die Fingerspitzen geschickter werden und eigenen Antrieb entwickeln, diese Geschicklichkeit in den verschiedensten Fertigkeiten noch zu steigern. Überraschenderweise ist häufig zu bemerken, daß sich Geschicklichkeit, die ihre Impulse aus der eigenen Mitte erhält, nicht nur im Bereich der Gliedmaßentätigkeit ausbreitet, sondern parallel dazu auch in die Hauptestätigkeit, in Vorstellen und Denken aufstrahlt. Die Kinder werden einfallsreicher und geistesgegenwärtiger.

Während sich echte künstlerische Betätigung auf malerisch-plastischem, eurythmischem und musikalisch-sprachlichem Gebiet in der beschriebenen zweifachen Weise förderlich auswirkt, bringen die üblichen sogenannten «Lernspiele» und «Trainingsprogramme» eher nachteilige Ergebnisse. Der künstliche (aber nicht künstlerische) Reichtum vorprogrammierter Lernspiele ist bereits intellektualisiert und nimmt der gesunden Abbau- und Verarmungstendenz im Lernprozeß des Kindes den eigenen Elan. In einem Märchenbilde könnte man sagen: Das Kind bekommt künstliche Sterntaler geschenkt, bevor es von sich aus etwas weggegeben hat. Es sollten ihm aber echte Sterntaler in sein Hemd fallen! Das ist nur möglich, wenn es seinen Kindheitszustand Schritt für Schritt überwindet, die alten Phantasiekräfte dahinschenkend, bis der «nackte Verstand» zum Vorschein kommt. Der kann sich der Welt nun neu zuwenden und wird jetzt in seiner Art, die dem fortgeschrittenen Alter des Kindes entspricht, gute Einfälle –

«echte Sterntaler» – zur Lösung der Lebensfragen einheimsen dürfen.

Auch die in wohldurchdachte Einzelschritte zerlegten Trainingsprogramme für behinderte und verhaltensgestörte Kinder erweisen sich in diesem Lichte als unbrauchbare Eselsbrücken. Sie sind nicht dem eigenen Gestaltungswillen des Kindes abgelesen, sondern aus einem fiktiven «Normalverhalten» erklügelt. Daher machen sie stets eine Aneinanderreihung einzelner Dressurakte erforderlich, die zwingend zum Planziel hinführt, auch wenn die natürliche Aufnahmebereitschaft beim Kind vollständig fehlt.

Das Kind macht ohne echte Anteilnahme mit, wird aber durch «Verstärker» in eine begierdenhafte Scheinbeteiligung gezogen; sein ganzes Gehabe folgt zwar den Trainingsanforderungen, aber die Impulse der eigenen Individualität, die oft ohnehin schon schwach sind, werden noch weiter unterhöhlt.

Regt man das Kind jedoch in künstlerischen Tätigkeiten zu wiederholentlichem Üben an, dann entwickelt die Individualität von sich aus Hunger nach intensiverem Schaffen und sogar Freude an angemessenem Verhalten.

Es wäre falsch, hierfür nun rezeptartige Beispiele aufzuzählen, die – wie es Laien oft erwarten – ein «gezieltes Vorgehen» bei bestimmten Schwächen ermöglichen sollen. Der «gezielte» Planungsgesichtspunkt muß gerade fallengelassen werden. Hilfreich können nur prinzipielle Hinweise sein, deren Ausgestaltung im Einzelfall der pädagogischen und heilpädagogischen Phantasie des Lehrers und Erziehers überlassen bleibt.

Ob wir auf *Verarmung* der Phantasie in Richtung auf den Kopfpol hinarbeiten oder auf *Hunger* nach sinnvollen Bewegungen in Richtung auf die Gliedertätigkeit: immer ist die Ansatzstelle das unermüdliche *rhythmische System*. Seinen Rhythmus sollen wir hineinspielen lassen in alle unsere erzieherischen und unterrichtlichen Tätigkeiten mit dem Kind.

Nehmen wir die Richtung der *Verarmung:* Eine gute Möglichkeit, das Verarmungsbedürfnis, das bei behinderten Kindern oft schwach ist, stärker zu wecken, bieten rhythmische Ballspiele im Kreis. Man beginnt mit rhythmischem Schwingen und Werfen des Balles zu entsprechender Musik, läßt dann die Musikbegleitung aussetzen, schwingt und wirft aber im gleichen Bewegungsrhythmus weiter. Man kann dann den Ball noch abgeben und ohne ihn weiterschwingen, schließlich auch das Schwingen eindämmen zu einem nur noch andeutenden Wiegen des Oberkörpers, dann den Körper ganz ruhig halten und nur innerlich weiterschwingen – und vielleicht zum Abschluß, wenn die ganze Gemeinschaft der Mitwirkenden noch genügend mitschwingt, noch einmal die Musik in den innerlich erlebten Rhythmus hereintönen und von ihr den Schlußpunkt setzen lassen. Auch rhythmisches Mitsingen und rhythmisches Mitschwingen können abwechselnd in diesen ganzen Verlauf eingefügt werden.

Eine unterrichtlich bedeutsame Anregung gab Rudolf Steiner einmal für den allerersten Schreibunterricht, um diesen so durchzuführen, daß das Kind von einem lebensvollen Erfassen der Dinge und der eigenen Körpertätigkeit bedachtsam zur zeichenhaften Abstraktion gebracht wird:

Man läßt «das Kind von oben nach unten über seinen Stab» streichen. Dann gibt man ihm Kreide und läßt es einen entsprechenden Strich von oben nach unten an die Tafel zeichnen. Nun «weiß das Kind ..., worum es sich handelt» [30]. Dieser fast nebensächlich scheinende dreistufige Aufbau einer elementaren unterrichtlichen Maßnahme kann besonders dem Heilpädagogen zu einem Schlüssel für ein kindgemäßes Vorgehen werden, das auch bei schwerer geschädigten seelenpflegebedürftigen Kindern noch Erfolge verspricht und ihnen den Einstieg in das für sie anfangs oft recht unverständliche Geschehen ermöglicht, das sich mit den Ausdrücken «zur Schule gehen» und «lernen» verknüpft.

Als Heilpädagoge wird man bei einem solchen dreistufigen

Vorgehen auch abspüren, welchen individuellen Intervall-Rhythmus das Kind zwischen diesen drei Akten des tätigen Erlebens, des Aufzeichnens und des Begreifens braucht, und man wird den ganzen Vorgang womöglich sogar durch einen begleitenden Spruch rhythmisch gestalten:

– ◡ ◡ –	Fasse den Stab;
– ◡ ◡ –	Grad ist der Stab!
– ◡ ◡ –	(viermaliges Klatschen der übrigen Kinder)
– ◡ ◡ –	Zeichne den Strich:
– ◡ ◡ –	Grad ist der Strich!
– ◡ ◡ –	(viermaliges Klatschen der übrigen Kinder)
◡ – ◡ ◡ –	So grad ist der Strich.
	(das Kind zeigt es noch einmal durch eine Armbewegung)
◡ – ◡ ◡ –	So grade wie ich!
	(Das Kind richtet sich selber ganz gerade auf und geht dann an seinen Platz zurück.)

Im Anschluß daran läßt sich dann auch im heilpädagogischen Schulunterricht bald der nächste Schritt vollziehen, wie er von Rudolf Steiner dem obigen Stab-Beispiel unmittelbar angefügt wird: der Übergang zum Buchstabenzeichnen, in diesem Fall zum «F».

Nur wird man im heilpädagogischen Unterricht das bildhafte Element noch verstärken und beispielsweise eine kleine Geschichte von einem Fischer erfinden, der mit seinem Sohn Tag für Tag zu einem stillen Teich wandert, um dort einen Fisch für das Mittagsmahl zu fangen. Lebendig wird der Teich geschildert und mit seinen Fischen vom Lehrer mit wenigen farbigen Schimmern an die Tafel skizziert. Die Kinder hören gespannt, wie der Fischerjunge mit seiner Angel umgeht und –

einen Fisch fängt! Der arme Fisch hängt an der Angel, aber wir wollen ihn uns genau anschauen, wie er aussieht: Der Lehrer zeichnet den Fisch senkrecht an die Tafel. «Da ist der Fisch!» darf die ganze Kinderschar rufen. Und jetzt betont der Lehrer den Anfangslaut, das «F» und läßt aus seiner wiederholten Intonierung das ganze Wort «F –isch» entstehen und dies von den Kindern nachahmen. Die Fischersleute wollen zwar den Fisch verspeisen, aber uns bleibt, was wir aus seiner schönen Gestalt gewinnen können: aus der aufgerichteten Rückenlinie die leicht geschwungene Senkrechte, aus den Flossen die quer Durchkreuzende – fertig ist das *f*.

Was beim gesunden Kind dieser bildhaften Ausführlichkeit entraten kann, ist in keinem Falle bloßes «Beiwerk», sondern erweist sich besonders in der Heilpädagogik als geeignetes Mittel, um im Kind selbst das nötige Verarmungsbedürfnis zu wecken, durch das es aus der Fülle der Bilder sich vorarbeitet zum Skelett der Zeichen.

Will man das Künstlerische mehr in der anderen Richtung des «Hungers nach geordneter Bewegung» wirksam machen, so bietet sich hierfür, wie schon erwähnt, hauptsächlich die Eurythmie an. Dabei ist zu unterscheiden zwischen den besonderen Wirkungen der *Toneurythmie* und den Wirkungen der *Spracheurythmie:*

«Wir rufen in der Toneurythmie in dem Kinde diejenigen Bewegungen hervor, die entsprechen der Gestaltung des astralischen Leibes; wir rufen in der Spracheurythmie diejenigen Gestaltungen hervor, die entsprechen der Ich-Organisation.» [31]

Toneurythmie erleichtert das seelische Einstimmen in die Gemeinschaft, weckt und ordnet das Gefühls- und Empfindungsleben, läßt mitschwingen in den vielfältigen Spielarten menschlichen Seelenlebens und führt auf diesem Wege Freude an einem weltaufgeschlossenen Verhalten herbei.

Spracheurythmie fördert das Auftreten als mitsprechende,

sich im Gespräch sachgemäß ausdrückende und sich kraftvoll behauptende Ich-Persönlichkeit, die immer auch auf das Du einzugehen weiß und in gemeinsamem Bemühen zu gültigen Erkenntnissen aufsteigen will. Hier wird mehr ein Bewegen geschult, das Freude am Wahrheitsstreben und an gemeinsam errungener Einsicht weckt.

Auch durch das *Rollenspiel* wie überhaupt durch das *Theaterspielen* mit Kindern kann eine Lust an geordneten Bewegungen hervorgerufen werden. Voraussetzung ist allerdings, daß dabei ganz aus der Geste heraus gearbeitet wird, die dann das gesprochene Wort trägt. Natürlich wird man zugleich die Gebärdensprache so anlegen, daß sie sich ihrerseits dem Rhythmus und dem Lautklang der Wortsprache einschmiegt.

Damit geordnete Bewegung bis in die Fingerspitzen Eingang findet, wird man die Kinder in rhythmischer Wiederkehr Tag für Tag dazu bringen, einfache *Musikinstrumente* (Kantele, Leier, Choroi-Instrumentarium) handhaben zu lernen und wird vielerlei Handfertigkeiten mit ihnen üben, die hier nicht näher beschrieben werden müssen.

Alle diese Maßnahmen werden in ihrem natürlichen Rhythmus belassen, der sie der menschlichen Mitte «annehmlich», das heißt freudig erfaßbar macht. Nichts wird künstlich in Elemente zerlegt und Stück für Stück verabreicht in dem Glauben, die Individualität des Kindes sei so zerstückt, wie sie in ihren behinderten Äußerungen oft erscheint. Sie ist ein strebendes Ganzes, das an allem teilzunehmen sucht, was gleichfalls den Charakter einer rhythmisch sich entfaltenden Ganzheit trägt. Einschwingen lernen ist das Hauptproblem für das seelenpflegebedürftige Kind: einschwingen in den eigenen Leib und seine Lebensprozesse; einschwingen in die seelischen Bezüge, die das Ich zum Du, den einzelnen zur Gemeinschaft führen; einschwingen auch in die anfangs oft sehr «verstellte Welt», deren Widerständen das geistige Reifen abzutrotzen ist. Mittler für dieses Einschwingen ist der Heilpädagoge, der nicht vorweg programmiert und das Kind in sein

Programm zu zwängen sucht, sondern der mit dem Kinde und seiner Entwicklung, seinen einzelnen seelischen «Atemzügen» mitgeht und daher auch mitspürt, wann ein Einschwingen gelingen kann und wann nicht.

Hier gilt im umfassenden Sinne das Wort Rudolf Steiners: «Viel wichtiger als das Wesen aller Erziehungsregeln: Das muß man so und das so machen! ist es, diese Empfindung sich anzueignen, den Reflex des Kindes empfinden, beobachten zu können, wenn man die eigene Tätigkeit entwickelt, wie sie einem entgegenkommt am Reflex. Es ist also im wesentlichen ein intuitives Element, das im Verhältnis des Lehrenden und Erziehenden zu dem Kinde sich entwickeln muß. Man muß sozusagen auch lesen lernen das Ergebnis seines eigenen pädagogischen Tuns.»[32]

Bei alledem handelt es sich um die *Vertiefung der Waldorf-Pädagogik* wie sie Rudolf Steiner im zwölften Vortrag des Heilpädagogischen Kurses als notwendig für die Erziehung seelenpflegebedürftiger Kinder beschreibt, wobei er ausdrücklich betont, daß es nicht so sehr auf die einzelnen Kunstgriffe ankommt, sondern zuallererst darauf, daß mit echtem Verständnis, mit wirklicher Liebe an das Kind herangetreten wird.

Und vorzüglich sind es drei Qualitäten, die der Heilpädagoge als Erzieher und Unterrichter im Zusammensein mit dem Kinde zu entwickeln hat und die sich als Vertiefungen derjenigen auffassen lassen, die auch der Lehrer gesunder Kinder entwickeln muß:[33]

«*Ehrfurcht vor dem,*
was dem Dasein des Kindes vorangeht.»

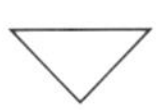

«*Enthusiastischer Hinweis*
auf das, was dem Kinde nachfolgt.»

«*Schützende Bewegung*
für das, was das Kind erlebt.»

Diese drei Qualitäten bezeichnet Rudolf Steiner als «Panazee», als «Allheilmittel». Sie sind im Gefühlsbereich des Lehrers und Erziehers beheimatet, denn: «Die Gefühle, die der Lehrer hat, sind die allerwichtigsten Erziehungsmittel» (und nicht «das intellektuelle Ausspintisieren dessen, was man tun soll»).[34]

Für den Heilpädagogen bekommt dieser Dreiklang von Gefühlsqualitäten seine Vertiefung in der «Gemütsvorbereitung», wie sie im zweiten Vortrag des «Heilpädagogischen Kurses» gefordert ist.

Die «Ehrfurcht vor dem, was dem Dasein des Kindes vorangeht», muß gegenüber behinderten Kindern vertieft werden, so «daß man ein größeres und immer größeres Interesse entwickelt für das Mysterium der menschlichen Organisation überhaupt»[35] und für das Geheimnis der Abnormitäten. Die «schützende Hand über dem Kinde», die das Kind «vor einem allzu starken Zusammenwachsen mit der Außenwelt» bewahren kann, wird in ihrer Wirkung verstärkt durch die Bemühung, pathologische Erscheinungen bei einem Kinde in innerer Gelassenheit objektiv mitzuerleben, die Behinderung «mit voller Liebefähigkeit» miterleidend, um abnorme Rhythmen im Einschwingen in Leib und Umwelt als Erzieher miterfahren und ausgleichen zu können.

Der «Enthusiasmus» im Hinführen auf die Zukunft muß sich im Umgang mit behinderten Kindern zum inneren Mut des Heilpädagogen steigern, in jeder neuen erschwerten Lebenssituation eine neue, voll verantwortete Entscheidung zu fällen – in dem Wissen, daß sein Tun ein tiefes Eingreifen in die Schicksalsbildung des betreffenden Kindes darstellt. Hier werden nicht nur unmittelbar anzustrebende Erdenziele ins Auge gefaßt, für die das Kind zu enthusiasmieren ist, sondern es wird in einem umfassenden Bogen in die Zukunft vorgearbeitet, denn es handelt sich «um ein tiefes Eingreifen in die karmischen Tätigkeiten, die sich sonst vollziehen würden zwischen Tod und einer nächsten Geburt»[35].

Übt sich der Erzieher und Unterrichter seelenpflegebedürftiger Kinder unablässig in dieser dreifachen Gemütsvorbereitung, so kann zwischen ihm und den ihm anvertrauten Kindern der heilsame Rhythmus entstehen, der zum hilfreichen Wegbereiter für jedes Ich wird.

Selbsterziehung in der Heilpädagogik

Das Menschsein in unserer Zeit beginnt dort, wo der einzelne um die Entfaltung seiner geistigen Fähigkeiten ernsthaft ringt. Immer mehr Menschen erkennen dies und streben danach, über das «abgeschlossene Studium», die «erworbene Bildung» hinaus an sich zu arbeiten, ihr Denken klarer, ihr Fühlen selbstloser und ihr Handeln moralischer zu gestalten.

Jedem Erzieher wird es allmählich zur Selbstverständlichkeit, bei seiner Erziehungsaufgabe nicht nur an die fachwissenschaftliche Weiterbildung zu denken, sondern zugleich auch eine ständige Selbsterziehung zu üben.

Es ist wohl kaum übertrieben, wenn gesagt wird, daß dem Erzieher entwicklungsbehinderter Kinder, dem Heilpädagogen, gerade diese Selbsterziehungsaufgabe außerordentlich schwer gemacht ist. Es sollte auch jeder, der sich für diesen Beruf entschließt, das volle Ausmaß dieser Schwierigkeit sehen lernen und nicht sich darüber hinwegtäuschen wollen – etwa durch ein künstliches «Mitleidhaben mit den armen Kindern». Der Abstand zwischen ihm, dem Erzieher, und dem ihm anvertrauten Zögling ist – das sollte zunächst durchaus gewissenhaft ins Auge gefaßt werden – ganz offensichtlich größer als in einer gewöhnlichen Erziehungssituation mit gesund entwickelten Kindern. Es kann mitunter wie ein Abgrund erlebt werden, was den voll entwicklungsfähigen

Erwachsenen von seinem entwicklungsbehinderten Zögling trennt.

Erst im wiederholten Anschauen dieses «Abgrundes» kann sich erweisen, wieviel echte Bereitschaft zur Selbsterziehung des Erziehers vorhanden ist, nämlich zunächst zu einer Selbsterziehung «im Überwinden des Abgrundes».

Allmählich wächst dann in der Seele des Erziehers ein Bild von dem echten Wesen des andern, der anfangs doch noch wie ein unverstehbarer Fremdling erschienen sein mag und der allmählich zum innerlich vertrauten Freunde wird.

Angeregt durch die vielfältigen Begegnungen, die der Erzieher mit seinem Zögling hat, beginnen innere Dialoge: «Du bist zwar anders in deinen körperlichen und seelischen Äußerungen, in allem vielleicht, was dein äußeres Erscheinungsbild angeht – aber es gibt eine Ebene, auf der wir uns als Mensch dem Menschen, als Ich dem Du geistig begegnen können. Da sind wir gleichrangig, und ich erfahre in dir den in seiner Bedrängnis und Behinderung Ringenden, erlebe eine vollgültige geistige Individualität mit einem schwereren Schicksal, als es das meine ist. Dir aber kann ich der Verstehende in deiner Bedrängnis werden, dem du dich anvertraust, weil du ahnend die Helferhand wahrnimmst, die sich dir zuwenden will.»

Solche inneren Dialoge bilden den Anfang dessen, was als gemeinsames geistiges Vorwärtsstreben – nicht nur als seelische Bindung – zwischen Erzieher und Zögling als gleichrangigen Individualitäten sich entfalten will.

Eine echte Schicksalsgemeinschaft erwächst. Sie ist geistgegründet und unterscheidet sich dadurch sehr von der leiblich begründeten Schicksalsgemeinschaft, die ein Kind mit seinen Eltern hat. Die letztere bedarf, wenn die Eltern und ihr behindertes Kind nicht aneinander sich zerreiben sollen, einer zunehmenden Vergeistigung im allmählichen Abstandgewinnen. Die geistgegründete Schicksalsgemeinschaft zwischen dem Heilpädagogen und seinen Zöglingen geht gerade vom Abstandserlebnis aus, findet die Brücke von Geist zu Geist und hört immer deutlicher den Ruf: zu helfen bis in die Tiefen der Seele, ja bis in die Leiblichkeit hinein.

Diese andere Stellung zum Kind wird jedoch keine Gegenstellung zu derjenigen der Eltern sein. Gerade wenn die Eltern am Zusammenleben mit ihrem behinderten Kinde geistig wachsen, ergibt sich leicht eine verstehende Begegnung und ein Hand-in-Hand-Arbeiten zwischen ihnen und dem Heilpädagogen.

Wo es im Schicksal eines Kindes liegt, daß schon zu Beginn seines Lebensweges sich Hindernisse über Hindernisse vor ihm auftürmen und störende Einflüsse aus der Umwelt ihm die freie Entfaltung seines Wesens erschweren, da wird vom Erzieher vor allem gefordert, sich selbst und das Kind für den kleinsten Fortschritt begeistern zu können, der auf dem schweren Weg gemeinsam geschafft werden kann. Freude und Begeisterung an allem Weiterführenden, was der Zukunft noch abzugewinnen ist, neue Ideen haben, die aus den Wesensnotwendigkeiten des Kindes abgelesen sind, darauf kommt es an. Rezepte, die für alle gelten sollen, bleiben wirkungslos oder wirken sogar gegen die eigentlichen Anliegen der Individualität gerade dieses Kindes; sie beschneiden ihm den kleinen Freiheitsraum noch mehr, statt ihn zu erweitern. An neuen Ideen aber kann auch in der Seele des Erziehers die Begeisterung wachsen, die sich dem Kinde mitteilt und es in seinen Bemühungen, die Hindernisse in seinem Lebensschicksal zu bewältigen, trägt und hält.

Im Kind erwacht Interesse, weil es das fordernde Interesse des Erziehers spürt. Und da dieses Interesse überpersönlicher Natur ist, wird auch das Kind es nicht nur ins Egoistische wenden, sondern wird lernen, es gleichfalls über den Kreis seiner persönlichen Wünsche hinaus auszubreiten auf das, was in der Welt erfahrbar ist und zur Anstrengung aller guten Kräfte aufruft.

Echte Hilfe ist allerdings erst dort möglich, wo der Helfende die Not des andern von innen her kennt, weil er sie miterlitten hat und immer wieder neu miterleidet. Ein innerliches Mitgehen tut not, das die Widerstände, die das Kind innerlich erlebt, auch dem Erzieher erlebbar macht, so daß er selbst vor ihnen stutzt und um so energischer die Wege zu ihrer Überwindung sucht.

Das volle Sichversetzen in die Seele des Kindes ist ein geistiger Werdeprozeß, der sich am Erzieher und von ihm aus übergreifend auch am Zögling vollzieht. In ihm erwächst eine geistig tragende Bindung, die den Willen des Zöglings stärkt.

Überraschend deutlich kann dieses Übergreifen von Wesen zu Wesen bemerkbar werden, wenn ein ganzer Kreis von Erziehern sich in einem innerlich vorbereiteten Konferenzgespräch um ein bestimmtes Kind bemüht und dieses Kind in den darauffolgenden Tagen plötzlich wesentlich umgänglicher, froher und damit auch bildbarer wird. In einem Heim, dessen Erzieher in dieser Weise an ihrer und der Kinder gemeinsamer geistiger Entfaltung arbeiten, entsteht oft schon in kurzer Zeit eine auch dem unvorbereiteten Besucher spürbare Atmosphäre, die als solche etwas Heilendes und Vorwärtsbringendes hat.

Indem der Erzieher erkennen lernt, wie sein eigenes Seelenleben ein durchaus wandelbares, belebbares, in Beweglichkeit zu bringendes Geschehen ist, lernt er auch, intimer den Schwierigkeiten nachzuspüren, die der geistigen Entwicklung seiner Zöglinge entgegenstehen. Im Umgestalten seines eigenen Denkens erfährt er das eigentliche Wesen des Lernens, und die Lernprozesse werden ihm auch dort, wo sie sich – wie bei Minderbegabten – mehr im Verborgenen vollziehen, anschaulich und greifbar. Er lernt die «Technik der kleinsten Lernschritte» beherrschen im Mitdenken mit dem Kind, im Vorausahnen der Bewältigungsschwellen, an die es stoßen wird, und im bildhaften Aufzeigen weiterführender Wege. Er wird zum Führer in einer vielleicht recht unwirtlichen, dunklen Landschaft, der das Ziel, das seine Gefolgschaft schon verloren gibt, lebendig und aufmunternd beschreiben kann, weil er selber schon dort war. Nicht Anstrengungen zu ersparen, aber die Durchhaltekraft zu stärken, erkennt er als seine Aufgabe.

Hierbei hilft ihm ein immer tieferes Eindringen in eine geisteswissenschaftlich orientierte Menschenkunde. Von den eigenen Geistes- und Seelenerfahrungen ausgehend, erarbeitet er sich ein Verständnis der Mehrgliedrigkeit und Vielschichtigkeit des Menschenwesens, und er schult sich dabei in drei Grundfähigkeiten, die auch beim Kind den Lernprozeß konstituieren: im Unterscheiden, im Beobachten und im Begreifen. Die tiefe Korrespondenz solcher Fähigkeiten des Geistes mit bestimmten organischen Prozessen im Leibe wird ihm einsichtig. Manche Vorurteile, die noch aus der Schulzeit haften, gilt es zu überwinden.

So muß die Vorstellung vom Gehirn als alleiniger Stätte der Bewußtseinsentfaltung der Erkenntnis weichen, daß auch andere Organe des menschlichen Leibes in jeweils verschiedener Art dafür in Betracht kommen; daß zum Beispiel sogar Beine und Arme, Füße und Hände, wenn sie sich frühzeitig geschickt betätigen lernen, zur Ausbildung des Denkens – nämlich des mehr zergliedernden, analytischen Denkens im Gegensatz zum zusammenschauenden, synthetischen Denken des Gehirns – beitragen. In allen seinen Organen ist der Mensch «geistnäher» als das Tier, und es gilt, durch rechte Erziehung diese Durchlässigkeit zu bewahren und im Falle einer Mißbildung so weitgehend wie möglich wiederherzustellen.

Dazu bedarf es aber vor allem einer geistgemäßen Anschauung vom Bewegungswesen des Menschen. Auch hier müssen Vorurteile fallen wie etwa die Pumpentheorie des Herzens oder die Vorstellung der vom Gehirn aus über die motorischen Nerven angetriebenen Motorik.

Wie wirkt seelische Bewegung in leiblicher Bewegung? Wie wirkt ein Schamgefühl im Erröten des Antlitzes, die Blutwelle zur Peripherie führend, wie wirkt die Angst – den Blutstrom zusammenziehend – im Erblassen? Wie ergreift der Wille zu einer Tat den ganzen Muskelorganismus, bestimmte Bewegungen bevorzugend, andere zurückhaltend?

Zur Beantwortung solcher Fragen muß der Horizont frei sein für ein unvoreingenommenes Beobachten der Phänomene und für ein klar unterscheidendes Zuordnen dieser Phänomene zu den ihnen entsprechenden Bereichen – Körperliches zu Körperlichem, Seelisches zu Seelischem, Geistiges zu Geistigem – ohne Kausalitätskonstruktionen, die diese drei Bereiche zu stark voneinander abhängig machen und einem von ihnen oft von vornherein ein – materialistisches, psychologistisches oder idealistisches – Übergewicht geben wollen.

Gerade für das Bewegungswesen des Menschen aber gilt, daß es nicht allein im Beobachten anderer erfahren werden kann, sondern weit besser noch im eigenen Tun. Die aus den natürlichen Begleitgesten der Sprache entwickelte *Eurythmie* kann manchem angehenden Heilpädagogen ein erstes Aufwachen für die vielfältigen Bewegungsmöglichkeiten vermitteln, die jenseits einer vielleicht schon gewohnten Lässigkeit oder einer bloß turnerischen Gewandtheit dem menschlichen Leibe in bewußter Führung zu entringen sind. Aber er kann auch im eigenen Bemühen erleben, wie Geistig-Seelisches sich in Physisch-Leibliches einbetten kann, wie die bewegte Sprache der Seele hinüberspielen kann in die Bewegungsabläufe des Leibes, diese führend, gestaltend und in einem veredelnden Sinne verwandelnd. Haltung und Auftreten bekommen eine sichere Selbstverständlichkeit, und nicht hoch genug einzuschätzen ist der – auch innerlich – «aufrichtende» Einfluß, der dann in das Wesen der Zöglinge hinüberwirken kann. Unter der Obhut eines Erziehers, der sich bis in die Gewohnheitsbewegungen hinein selbst in der Hand hat, wird dem behinderten Kind das Einbetten der Seele in den Leib leichter; unbewußt nachahmend lernt es, sich freier und selbstverständlicher zu bewegen und wird dadurch auch aufnahmefähiger für die geistige Nahrung, die ihm der Erzieher nun durch das Mittel der Sprache selbst geben kann.

Daß auch die *Sprache* des Erziehers als solche der Pflege und Veredelung bedarf, wird heute allgemein erkannt. In rechtem Sinne geschieht diese Pflege dort, wo das geschicktere Umgehen mit den eigenen Sprachwerkzeugen aus dem Geiste der Sprache heraus gelehrt wird. Ein großer Schreck oder ein großes Glück hat schon manchem die Zunge gelähmt oder gelöst. Das Glück des Mitschaffendürfens an einer Sprachgestalt – im Sprechchor, in einem durch Nachsprechen erarbeiteten Einzelspruch oder in einem mit wirkungsvollen Gesten unterstützten Dialog – löst Lehrern wie Kindern die Zunge. Die dabei zu bewältigenden Schwierigkeiten geben genug Anlaß, um spezielle Sprechübungen einzuführen, die nun um eines gemeinsamen Zieles willen – es wird dies meist eine Darbietung für andere sein – ebenso gern ergriffen werden.

Aus dem Geist des Ganzen, der gemeinschaftsbildend wirkt und Freude stiftet, wird so der Weg zum einzelnen und seinen besonders zu behandelnden Schwächen gefunden. Auch dies erlebt der werdende Heilpädagoge an sich selbst, wenn er sich in einem Heimzusammenhang mitbemüht um die Gestaltung der Festeszeiten im Jahresablauf, um die Veranstaltung von Elternabenden oder auch von größeren Elterntreffen, wobei dann die Kinder selbst mit ihren Darbietungen aufwarten möchten. Nicht nur die Eltern, auch ihn selbst überrascht es wieder und wieder, zu welchen Leistungen – die nicht selten die von gleichaltrigen gesund entwickelten Kindern überragen – seine Zöglinge fähig sind. Freude, Begeisterung, der Wille, Schönes zu schenken, tragen sie über alle Schwächen hinweg und machen sie durchlässig für ein Höheres, das unmittelbar den Zuschauenden zuteil wird.

An sich selbst aber erlebt der Erzieher, wie ihm in solchem gemeinsamem Streben etwas zuteil wird, dessen er sich bis dahin nicht fähig sah. Das Wesen der Gnade, das Mitwirken helfender Mächte dort, wo Menschen in Gemeinsamkeit sich bemühen, geht ihm auf. Und ist nicht schon jeder Schritt, den ein entwicklungsbehindertes Kind nach vorne, seine Schwierigkeiten überwindend, tun kann, ein Stück Schicksalsgnade? Aber das Kind ist von sich aus schon ein aufschauendes Wesen. Im gemeinsamen Vorwärtsstreben mit ihm kann der Erzieher erfahren, was es heißt: «Werdet wie die Kinder» – lernend Aufschauende, die nicht nur wachsen, sondern über sich hinaus wachsen können, wenn sie sich Dem öffnen, der mitten unter uns ist, wenn zwei in Seinem Namen beisammen sind.

Aus dem inneren «Dialog», der die Begegnung mit dem seelenpflegebedürftigen Kinde einleitete, wird ein gemeinsames Schicksalsgeschehen, in das eine fernere, geheiltere Zukunft hereinleuchtet, als sie vielleicht in diesem einen gegenwärtigen Leben schon Wirklichkeit werden kann.

«Vervollkommnet sich ein Mensch in diesem Leben, so tritt er eben vollkommener in ein nächstes über ...», sagt Peter Rosegger. Die Ahnung, daß dieser Glaube Gültigkeit hat, kann demjenigen, der sich um das Schicksal seiner in diesem jetzigen Leben oft so ausweglos behinderten Mitmenschen müht, zur Kraftquelle werden. Die gemeinsamen – manchmal scheinbar vergeblichen – Anstrengungen werden sinnvoll auf weitere Sicht. Wer diesen Anruf, diese tiefste Berufung erfährt, wird die Hände nicht vorzeitig in den Schoß legen. Auch durch Mißerfolge hindurch wird er weiterhelfen.

Unendlicher Ausweitung sind die besten Kräfte der menschlichen Seele fähig, und daß diese Ausweitung in Angriff genommen werde, dazu mahnen uns gerade diejenigen, deren diesmaliges Leben beim ersten Anblick wie ein Versandenmüssen wahrhaften Menschseins anmutet. Aber was in jedem Menschen «der Mensch» ist, das geht auch durch ein solches Leben wie einer, der nur besondere Erfahrungen zu machen hat, um weiterzukommen, und wer die Berufung zum Heilpädagogen verspürt, der weiß, daß Helfer da sein müssen, um ein allzu weites Abirren auf unwegsamem Schicksalsgelände zu vermeiden. Beruf wird zur Berufung, wenn im eigenen Vorwärtsstreben der Ruf des anderen vernommen wird, dessen Schritt noch unsicher tastet, der aber dennoch auch – sei es wann immer – das volle Menschentum erreichen will.

Je weiter der Erzieher entwicklungsbehinderter, seelenpflegebedürftiger Kinder seinen eigenen geistigen Horizont entfaltet, je umfassendere Gesetze und je höhere Wirksamkeiten er für möglich hält und in die eigene innere Anschauung einzuformen sich müht, je inniger er dabei das ringende Wesen des anderen beobachtet und die äußeren Einzelheiten seiner Behinderung kennenlernt, um so weiter wird auch der Horizont seiner Zöglinge werden, um so freier wird ihr geistiger Atem sich entfalten und um so stärker wird ihr gekräftigtes Geistwesen allmählich in die irdisch-alltäglichen Erfordernisse eingreifen können.

Es ist in diesem Zusammenhang bemerkenswert, wie eindringlich Rudolf Steiner einmal – es war am 6. Juli 1924, also am vorletzten Kurstag des «Heilpädagogischen Kurses» – in einem Gespräch mit Franz Löffler auf die Notwendigkeit einer neuen, in der heilpädagogischen Praxis erarbeiteten Psychologie hingewiesen hat.

«Wert legen auf Psychologie und psychologisches Wirken», notierte sich Franz Löffler tags darauf und schrieb dann von diesem Gespräch noch das folgende nieder: «Die Psychologie muß aus der Bewußtseinsseele heraus neu begründet werden.

Die Psychologie sollte aber keine neue Theorie, sondern eine spirituelle Betätigung werden, mit der man dem Niedergang entgegenarbeitet, denn die Menschen verlieren das Seelische. Dies wäre Ihre anthroposophische Aufgabe. Die Heilpädagogik sollte einen bestimmten Beitrag bringen für eine solche neue Psychologie. Man bekommt durch eine gute Psychologie ein anderes Verhältnis zu den Kindern; sie kann einem immer bewußt machen, was diese Kinder aus ihrer seelischen Beschaffenheit heraus alles leisten können, was man alles mit ihnen erreichen könnte. Erst eine neue Psychologie kann uns zeigen, wie diese Kinder in Wirklichkeit sind.

Lassen Sie zum Beispiel die Kinder dichten, und Sie werden sehen, wieviel Interessantes dabei zum Vorschein kommt. Es wird viel Anthroposophie in einer solchen Psychologie sein; wenn Sie alle rhythmischen Vorgänge darinnen haben, dann kommen Sie an die Lebensprozesse heran. Im Tages- und Jahresverlauf, ja bis ins Handwerkliche sollte der Rhythmus walten. Je länger man die Kinder in einem solchen rhythmischen Leben darinnen haben kann, um so besser.

Lernen Sie fest auf einem Standpunkt stehen und die Dinge radikal durchschauen mit der Durchschlagskraft einer neuen Psychologie. Alle anderen Fragen müssen sich der psychologischen Einsicht unterordnen, selbst die leidige Geldfrage. Die Welt sollte da schon helfen, dazu aber müssen noch ernste Worte gefunden werden.»

Aufhorchen läßt hier, daß gesagt wird, die neue Psychologie sollte keine neue Theorie, sondern eine *spirituelle Betätigung* werden. Denn das ist zugleich ein Hinweis auf die Besonderheit des meditativen Weges, der vom anthroposophisch tätigen Heilpädagogen beschritten werden kann.

Diesem letzteren wollen wir uns nun etwas eingehender zuwenden. Die Quelle hierfür ist der «Heilpädagogische Kurs», der auch in dieser Hinsicht Grundlegendes enthält.

Bemerkt muß werden, daß Rudolf Steiner die Meditationshinweise, die er in diesem Kurse gab, noch nicht zu den «esoterischen Unterweisungen» zählte, sondern sie als Selbsterziehungshilfen für die rechte Gestaltung des heilpädagogischen Alltags darstellte. Nimmt man sie als solche, so ordnen sie sich in der inneren Übung dem sogenannten «pädagogischen Gesetz» zu, von dem Rudolf Steiner im «Heilpädagogischen Kurs» sagt, daß es «in aller Pädagogik erscheint» und das er folgendermaßen umreißt:

«Das ist dieses, daß wirksam ist in der Welt auf irgendein Glied der menschlichen Wesenheit, wo es auch immer herkommt, das nächsthöhere Glied, und daß es nur dadurch wirksam zur Entwicklung kommt. Zur Entwicklung auf den physischen Leib kann wirksam sein ein im Ätherleib Lebendes, in einem ätherischen Leib Lebendes. Zur Entwicklung auf einen Ätherleib kann nur wirksam ein in einem astralischen Leib Lebendes sein. Zur Entwicklung auf einen astralischen Leib kann wirksam nur ein in einem Ich Lebendes sein. Und auf ein Ich kann wirksam sein nur ein in einem Geistselbst Lebendes. Ich könnte es noch weiter fortführen über das Geistselbst hinaus, aber da würden wir schon in die Unterweisung des Esoterischen hineinkommen.»[37]

Mit der letzten Aussage ist zugleich die Grenze angegeben, wo der erzieherische Alltag überschritten und die eigentliche esoterische Entwicklung begonnen wird.

Aus diesem «pädagogischen Gesetz» geht hervor, daß zu einer förderlichen Wirkung auf die Wesensglieder des Kindes eine entsprechende innere Zubereitung der jeweils eine Stufe höheren Wesensglieder des Erziehers erforderlich ist. In den Meditationshinweisen, die an besonderen Stellen des «Heilpädagogischen Kurses» auftreten, können die Selbsterziehungsmittel gesehen werden, die eine solche innere Zubereitung ermöglichen.

Der erste derartige Meditationshinweis dient der *Gemütsvorbereitung* des Heilpädagogen. «Verantwortungsgefühl und Gewissenhaftigkeit» sollen durch das tief im Gemüt verankerte Wissen gefördert werden, daß es sich bei allem heilpädagogischen Wirken «handelt um ein tiefes Eingreifen in die karmischen Tätigkeiten, die sich sonst vollziehen würden zwischen Tod und einer nächsten Geburt». Heilpädagogisches Wirken in diesem Sinne ist ein Wirken aus der geistigen Welt heraus. «Aber wenn man zum Wirken aus dem Geistigen kommt, muß man sich täglich, stündlich vor Entscheidungen gestellt fühlen, bei jeder Tat sich vor die Möglichkeit gestellt fühlen, sie tun zu können oder unterlassen zu können, oder sich völlig neutral verhalten zu können. Und zu diesen Entscheidungen gehört eben Mut, innerer Mut. Das ist die allererste Bedingung, wenn man auf einem solchen Felde etwas tun will. Und der erwacht nur, wenn man sich die Größe der Dinge immer vor Augen stellt: du tust etwas, was die Götter sonst tun im Leben zwischen Tod und nächster Geburt.» [38]

Meditiert man dies so, «wie man ein Gebet jeden Tag betet»,[39] so erzeugt man in sich diejenige Verfassung des *Astralleibes,* die man als Erzieher braucht, um auf den *Ätherleib* des Kindes in der rechten Weise korrigierend einwirken zu können.

Der eigene Astralleib wird, so darf man hier ergänzen, in Richtung auf das Geistselbst umgewandelt. Das ordnet ihn und macht ihn zum Regulierer von zu schwachen oder fehlgeleiteten Funktionen des Ätherleibes.

Der zweite Meditationshinweis im Kurs wendet sich bereits unmittelbar dem *Geistselbst* zu. Betont wird dabei, daß dieser Hinweis auch für alle Waldorfpädagogen gelte: «Wenn man so etwas ausbilden will wie die Waldorfschul-Pädagogik, und diese aber lebendig wirken soll, dann muß man nicht bloß an die Menschen appellieren, die man dort anstellt, sondern auch an geistige Wesenheiten, die mehr entwickelt haben als die Menschen, die bis zum Geistselbst eine deutliche Entwikkelung zeigen. Mit einer bestimmten Art solcher Wesenheiten haben wir es gerade beim heranwachsenden Kinde besonders zu tun: mit den Wesen, die man als Sprachgenien bezeichnet ...

Also wir haben es in dem Augenblick, wo überhaupt von Erziehung gesprochen wird, zu tun mit einem Heranrufen der Geister, die das Geistselbst entwickelt haben. Und in alledem, was wir in der Sprache erläutern, beschreiben wir das Geistselbst. Daher ist es schon gut, wenn diejenigen, die abnorme Kinder erziehen wollen, dasjenige meditieren, was in den Büchern gesagt ist über das Geistselbst. Das ist ein guter Meditationsstoff. Das ist ein Gebet an diejenigen geistigen Wesenheiten, die von der Art des Sprachgenius sind.» [40]

Schon das Wort «Gebet» deutet die Verbindung an, die die

beiden ersten Meditationshinweise des Kurses miteinander haben. In der ersten Meditation handelt es sich um ein «Gebet», das zur Vorausnahme künftigen (nachtodlichen) Götterwirkens erkraften soll, bei der zweiten wird das Gebet unmittelbar an solche Götter oder «Genien» gerichtet, die nicht erst nachtodlich, sondern schon während des irdischen Lebens – «und gerade, wenn wir es mit aufwachsenden Kindern zu tun haben»[41] – am Erziehungsvorgang mitwirken. Wir können sie heranbitten durch Sprachgestaltung, Eurythmie und Heileurythmie, wie Rudolf Steiner ausführt, und können uns selber durch Meditation dessen, «was in den Büchern gesagt ist über das Geistselbst», bereitmachen, mit diesen Genien im Erziehungsgeschehen zusammenzuwirken. Dann erreichen nicht wir, aber diese Wesenheiten sehr viel im Kinde «in der intuitiven Impulsierung seines Willens»[42]. Sie kräftigen sein *Ich* vom *Geistselbst* aus. Höhere Wesen, Geistselbst-Genien, müssen in diesem Falle herangebeten werden, weil heute noch in keinem Erzieher das Geistselbst so entwickelt ist, daß davon schon unmittelbare Hilfen für das Ich des Kindes ausgehen könnten. Das erste Wesensglied, das von oben her schon unmittelbar ausgleichend wirken kann, ist das *Ich* des Erziehers. Seiner Selbsterziehung will die letzte der im Kurse gegebenen Meditationsanweisungen dienen.

Daß das *Ich* eine Selbsterziehung sehr nötig hat, wird von Rudolf Steiner durch folgendes Bild verdeutlicht, das den Egoismus des Gegenwartsmenschen kennzeichnet: «Der heutige Mensch trägt sein eigenes Ich auf dem Arm und herzt es zärtlich.»[43]

In einer das Ich stärkenden Meditation soll nun dieses Bild verglichen werden mit den notwendigen Handlungen, die der Erzieher-Alltag fordert: «Dieses Bild zu vergleichen mit dem, was man als tägliche Handlung tut, ist wiederum eine außerordentlich nützliche Meditation für den Erzieher.»[44] Die Wirksamkeit einer solchen Meditation kann man verstehen, wenn man daran denkt, daß im Ich die *Motivbildung* für unsere Handlungen stattfindet.[45]

Wo diese Motivbildung gewissenhaft vorgenommen wird, geschieht sie stets in einem inneren Widerstreit, wobei die Kontrahenten sind: der eigene Egoismus (das zärtlich geherzte «Ich»-Kind) und die sachlichen Notwendigkeiten, die der Erzieher-Alltag aus dem Wesen der «Sache», nämlich der anvertrauten Zöglinge, der Heimgemeinschaft und so weiter heraus mit sich bringt.

Zu guten Motiven gelangt man, wenn man diese beiden Kontrahenten sich immer wieder meditierend zur inneren Anschauung bringt, nämlich auf der einen Seite das Bild des eigenen egoistischen «Ich», und dieses nun vergleichend mit dem, was ihm auf der anderen Seite mit stets neuen Anforderungen gegenübertritt: das tatsächliche tägliche Tun. In solchem meditativen Anschauen werden Selbstkorrekturen wirksam. Das Ich des Erziehers bringt sich damit erst selber auf die Höhe, von der aus es gewissenhafte Motive überhaupt bilden kann. Und indem es sich auf diese Höhe bringt, geht von diesem Sich-Hochbringen eine heilsame Wirkung auch auf den *Astralleib* des Kindes aus. Man geht nicht mehr mit subjektiven Erwartungen und Forderungen, sondern «mit wirklicher Liebe» an die Kinder heran, so daß eintritt, was Rudolf Steiner in diesem Zusammenhang so ausführte: «Sehen Sie, beobachten Sie einmal, welcher Unterschied es ist, wenn Sie an das Kind mehr oder weniger gleichgültig herantreten, oder wenn Sie an das Kind herantreten mit wirklicher Liebe. Es ist sofort, wenn man mit wirklicher Liebe an das Kind herangetreten ist, wenn der Glaube aufhört, daß man mit technischen Kunstgriffen mehr machen könne als mit wirklicher Liebe, sofort die Wirksamkeit der Erziehung, besonders bei abnormen Kindern, da.»[46]

Aus Motiven, die so gebildet werden, daß sich die Möglichkeiten des Kindes und meine eigenen Fähigkeiten des Helfens in ihnen vereinen, entstehen die echten pädagogischen und heilpädagogischen Handlungen.

Die zentrale Stelle in der Reihe der insgesamt fünf Erzieher-Meditationen wird allerdings nicht, wie man vielleicht denken könnte, von der eben besprochenen *Ich*-Meditation eingenommen; diese steht erst an der letzten Stelle dieser Reihe. In der Mitte, als dritte Meditationsanweisung des Kurses, befindet sich vielmehr diejenige, die seit jeher als die für den Heilpädagogen bedeutsamste Meditation empfunden worden ist, die sogenannte «Punkt-Kreis-Meditation». Daß auch sie nicht allein für den Heilpädagogen von Bedeutung ist, mag aus zweierlei hervorgehen: Einerseits spricht Rudolf Steiner im Kurs selbst davon, daß «die Menschen ... im allgemeinen auf dem Gebiete der Pädagogik nichts erreichen» können,[47] weil sie nicht ernsthaft die in dieser Meditation lebende Wahrheit in sich rege machen; andererseits gab Rudolf Steiner bereits ein Jahr früher einem anderen Zuhörerkreis, dem sich auch einige Pädagogen zugesellt hatten, einen ähnlichen Meditationshinweis, der durch die Punkt-Kreis-Meditation sinnvoll ergänzt wird.

Es ist hier nicht der Ort, um diese beiden einander so ähnlichen und doch verschiedenartigen Meditationen in allen Einzelheiten zu beschreiben. Der Leser kann sie in den betreffenden Vorträgen aufsuchen und im dort gegebenen Zusammenhang besser kennenlernen. Es werden ihm die Unterschiede in der Farbengebung der vorzustellenden Formverwandlung auffallen: rot und grün im Jahre 1923, gelb und blau im Jahre 1924. Auch sind die Formen 1923 flächig: innen eine Kreisscheibe, außen herum ein «Rad», während sie 1924 als Punkt und Kreislinie auftreten. Der Unterschied wird aber auch in der Wirkung der beiden Meditationen deutlich, wie sie von Rudolf Steiner jeweils beschrieben werden. 1923: «Man erlebt ... [durch die flächige Meditation] das Äthergeschehen [der Welt] so, daß man gewissermaßen an einem Punkte aus diesem Äthergeschehen herauswächst ... Kurz, man lebt sich auf diese Weise in das Äthergeschehen der Welt ein.»[48] 1924 im «Heilpädagogischen Kurs»: «Sie können eine Anatomie, eine Physiologie bekommen, indem Sie von dem ausgehend meditieren» – und gemeint ist eine neue, lebendige, in die ätherischen Bildeprozesse des physischen Leibes eintauchende, dabei aber zugleich die möglichen Mißbildungen zur Anschauung bringende Anatomie und Physiologie: «Die innere Dynamik der Morphologie ergibt sich Ihnen einfach dadurch.»[49] 1923 ist es die Wendung hinaus in den ätherischen Kosmos, 1924 die Wendung hinein in den daraus aufgebauten physischen Leib! (Vergleiche Anhang I und II.)

Gemeinsam ist beiden Meditationen, daß sie das Denken so verlebendigen, daß dadurch der Ätherleib erlebbar wird. Für den Heilpädagogen ist aber maßgebend, daß er die Verlebendigung so betreibt, daß er dadurch weiterschreiten lernt «von der Goetheschen Metamorphosenlehre» zur «ausgebildeten Metamorphosenlehre», die es ihm ermöglicht, «in die Minderwertigkeit der Kinder eine Anschauung hineinzubringen»,[50] das heißt unmittelbar zu durchschauen, welche Tendenzen zur Mißbildung vorliegen und wie sie therapeutisch anzufassen sind. Auf diese Weise kann der einzelne Heilpädagoge, meditativ übend, seinen Beitrag zur Ausgestaltung einer tiefer dringenden heilpädagogischen Diagnostik liefern. Zugleich verbindet er sich dabei mit Kräften, von denen in den Michael-Briefen die Rede ist, wo es heißt, «Michaels Sendung ist, in der Menschen Ätherleiber die Kräfte zu bringen, durch die die Gedanken-Schatten wieder *Leben* gewinnen ...»[51] Damit aber bereitet der Erzieher behinderter Kinder seinen *Ätherleib* so zu, daß Lebensgeistigkeit in ihm ersteht. Ein solcher Ätherleib kann, besonders auf dem Wege der Nachahmung, heilsam ordnend auf den *physischen* Leib des Kindes einwirken, kann ihn durchgreifbarer machen für die Individualität des Kindes, kann ihn sichtbar gesünder, aufgerichteter, beweglicher machen. Inneres Üben zeitigt auf diese Weise äußere Wirkungen, und es bewahrheitet sich das an die Heilpädagogen gerichtete Wort:

«Es ist tatsächlich so, daß innerlich erschaffen werden kann dasjenige, was äußerlich sichtbar ist, wenn man nur jene Überwindung hat, welche im meditativen Leben eben notwendig ist.»[52]

Es ist wohl deutlich, daß wir mit alledem nicht von etwas sprechen, was zu irgendeinem Zeitpunkt fertig vorzeigbar sein kann, sondern von etwas, das – bei allem schon möglichen Wirksamwerden in der Gegenwart – ständig weiterführende Zukunftsimpulse in sich birgt. Nur angedeutet kann werden, daß der noch nicht erwähnte fünfte Meditationshinweis (er steht in der Reihe dieser Hinweise im «Heilpädagogischen Kurs» an vierter Stelle) am stärksten von solchen Zukunftsimpulsen spricht. Das Geistigste im Menschen, sein Enthusiasmus für die Wahrheit und für das aus ihr geforderte Tun, soll im Meditieren zusammengeschaut werden mit dem, was an dem physischen Orte, an dem man tätig ist, aus ebensolchen Enthusiasmus-Impulsen schon in der Vergangenheit gewirkt worden ist. Nicht soll die Frage nach dem Karma einer gemeinsam tätigen Menschengruppe so gestellt werden, daß man wissen will, aus welchen Schicksalshintergründen heraus die einzelnen sich zu dieser Gruppe zusammengeschlossen haben, sondern «die richtige Auffassung ist diese, daß man eben aufsucht die Enthusiasmusimpulse, die auf das fortwirkende Karma hinzielen».[53] Dann bildet sich – darf hier hinzugefügt werden – die physisch-geistige oder geistig-physische Hülle, innerhalb derer an diesem Ort das «pädagogische Gesetz» überhaupt erst im vollen Sinne wirksam werden kann. Sie bildet sich als eine Gemeinschaft, die aus geistgewirkten Taten der Vergangenheit zu geistgewirkten Taten der Zukunft kommt und dadurch in der eigenen Mitte eine Atmosphäre schafft, die heilbringend ist.

In der Zusammenschau zeigen sich so die fünf Meditationshinweise im «Heilpädagogischen Kurs» als eine Anregung zur Selbsterziehung, die von jedem einzelnen Mitarbeiter einer heilpädagogischen Institution innerlich ergriffen werden kann.

Geschieht dies, so realisiert sich innerhalb der Mitarbeiterschaft ein Geistorganismus, dessen zunehmende Anwesenheit von den Kindern gespürt und unbewußt «mitgemacht» wird. Ordnungskräfte werden erfahren, die nichts Zwingendes, nichts Autoritäres haben, sondern die im Gegenteil ein immer freieres, beweglicheres Eingreifen des Geistig-Seelischen in das Leiblich-Körperliche ermöglichen. Die Kinder «atmen auf» und werden umgänglicher, indem sie in einer Atmosphäre leben dürfen, die von einem gemeinsamen Geistes-Atem der Erzieher, die auf solche Weise Selbsterziehung üben, getragen ist. Aber auch den Erziehern selbst wachsen dadurch Kräfte zu, die das Bewältigen ihrer Aufgaben erleichtern; der Umgangston, die Formen des Begegnens, das gemeinsame *innere* – nicht nur fachmännisch äußere – Interesse am Kind gewinnen einen wahrhaft menschenwürdigen Charakter. Man nimmt nicht nur einander wahr und läßt einander gelten, sondern man wird des Vorbildlichen gewahr, das im anderen lebt. Es wächst eine selbstverständliche gegenseitige Anerkennung dessen, was jeder in seiner Art anderen und insbesondere den Kindern sein kann.

«Wir brauchen einander», wird nicht nur gewußt, sondern zunehmend erlebt. Für jeden einzelnen wird mehr und mehr erfahrbar: Sich entfalten um der Entfaltung anderer willen begründet Menschengemeinschaft, in deren Mitte echte Heilerziehung sich verwirklichen kann.

Anhang

I. Zur Rot-Grün-Meditation

Die Beschreibung dieser Übung und ihrer ersten unmittelbaren Ergebnisse lautet:

«Jetzt stellen Sie sich vor: das Rote wächst, das Grüne zieht sich zusammen. Nun haben Sie vor sich den grünen Kreis zusammengezogen, das Rote hier herum, das rote Rad; jetzt wieder umgekehrt: das Rote schiebt sich herein, das Grüne dehnt sich aus, und das lassen Sie abwechseln, ganz in rhythmischer Folge, indem innerlich ein Kreis ist, außen ein Rad: rot, grün; grün, rot; rot, grün; grün, rot. Sie stellen sich das vor, ohne daß Sie irgendwie nötig haben, etwas äußerlich zu tun. Da werden Sie allmählich gewahr werden, daß Denken heißt: geradeso innerlich etwas tun, wie etwas äußerlich tun heißt, seine Hand gebrauchen, seinen Arm gebrauchen. Wenn Sie Ihren Arm gebrauchen, das spüren Sie. Nun müssen Sie spüren lernen, was es heißt: die Gedankenkräfte gebrauchen. Wenn Sie Ihre Arme gebrauchen und spüren, so erleben Sie Ihren physischen Leib. Wenn Sie anfangen, in dieser Weise Ihre Gedanken zu gebrauchen, so spüren Sie Ihren zweiten Menschen, Ihren Ätherleib, Ihren Bildekräfteleib. Sobald Sie wirklich das so weit gebracht haben, daß Sie sich nur einen Ruck zu geben brauchen, um überzugehen vom Armbewegungen-Spüren, Beinebewegungen-Spüren zum Spüren der inneren Denkkräfte, in diesem Augenblicke erleben Sie Ihren zweiten Menschen, Ihren Äthermenschen, Ihren Bildekräftemenschen. Aber Sie erleben ihn so, daß er eigentlich ganz aus Gedanken gewoben ist. Und in diesem Augenblick wird Ihnen zugleich Ihr ganzes Erdenleben wie gegenwärtig. Wie in einer einzigen Überschau sehen Sie Ihr ganzes Erdenleben zurück bis in die erste Kindheit hinein.

Was Sie da als den zweiten Menschen erleben, ist eben nicht ein Raumesleib, ist ein Zeitleib ... Dieser Bildekräfteleib lebt nicht im Raume; er lebt nur für einen Augenblick im Raume. Im nächsten Augenblick ist er etwas anderes. Er ist in fortwährendem Fluktuieren, in fortwährender Veränderung. Und diese Veränderung erlebt man als das Lebenstableau.

Aber zu gleicher Zeit damit erlebt man, daß man nun sich als einen Teil des ganzen Universums fühlt, daß man nicht mehr der Meinung ist, man sei in seiner Haut abgeschlossen, sondern daß man selbstverständlich zu der Meinung kommt, man fluktuiere innerhalb des ganzen Universums, man ist eigentlich nur eine Welle im ätherischen Universum.»[54]

II. Zur Punkt-Kreis-Meditation

Zu dieser Übung erklärte Rudolf Steiner im «Heilpädagogischen Kurs» unter anderem folgendes:

«Lassen Sie immer wieder und wiederum in Ihrer Meditation den Punkt in den Kreis hineinschlüpfen, den Punkt zum Kreise sich ausdehnen, und spüren Sie dabei das Entstehen der Gliedmaßen-Stoffwechselorganisation aus der Kopforganisation. Bringen Sie es bis dahin, daß Sie den Kopf empfinden, wenn Sie sich sagen: Der Punkt ist Punkt, der Kreis ist Kreis. – Spüren Sie, daß Sie vom Kopf heruntergleiten zum Stoffwechselsystem, wenn Sie sich sagen: Der Punkt ist Kreis, der Kreis ist Punkt –, das Umgekehrte. Dann werden Sie die ausgebildete Metamorphosenlehre darinnen haben ...»

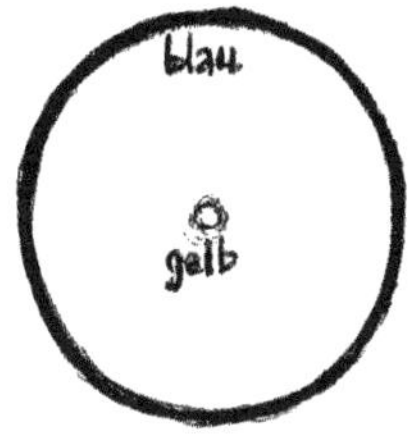

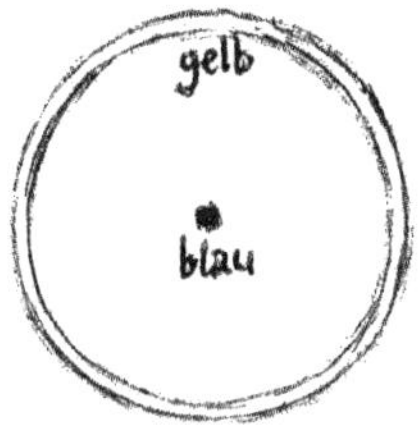

Anmerkungen

1 Rudolf Steiner, Heilpädagogischer Kurs, GA 317, 1985, Vortrag vom 1. Juli 1924 in Dornach.
2 Ebenda. Vortrag vom 25. Juni 1924 in Dornach.
3 Ders., Anthroposophie - Psychosophie - Pneumatosophie, GA 115, 1980, Vortrag vom 3. November 1910 in Berlin.
4 Siehe Anmerkung 2.
5 Ders., Allgemeine Menschenkunde als Grundlage der Pädagogik, GA 293, 1992, Vortrag vom 21. August 1919 in Stuttgart.
6 Ebenda.
7 Anmerkung 1. Vortrag vom 26. Juni 1924 in Dornach.
8 Ebenda.
9 Anmerkung 1. Vortrag vom 2. Juli 1924 in Dornach.
10 Siehe Anmerkung 1.
11 Siehe Anmerkung 9.
12 Siehe Anmerkung 1. Vortrag vom 5. Juli 1924 in Dornach.
13 Ebenda. Vortrag vom 6. Juli 1924 in Dornach.
14 Hedwig Diestel, Kindertag, Stuttgart 1967.
15 Siehe Anmerkung 1. Vortrag vom 30. Juni 1924 in Dornach.
16 Siehe Anmerkung 13.
17 Siehe Anmerkung 1. Vortrag vom 4. Juli 1924 in Dornach.
18 Nach einem mündlichen Bericht von Siegfried Pickert.
19 Siehe Anmerkung 12.
20 Nach einem mündlichen Bericht von Siegfried Pickert. Der Junge konnte später nach Hause entlassen werden, lernte Maschinenschreiben, Englisch und Spanisch und konnte in sinnvoller Bürotätigkeit beim Vater Gutes leisten.
21 Siehe Anmerkung 13. Einzelheiten dazu im Anhang des Heilpädagogischen Kurses unter den Hinweisen zu diesem Vortrag.
22 Nach einem Bericht von Siegfried Pickert.
23 Ebenda.
24 Siehe Anmerkung 5.
25 Siehe Anmerkung 1. Vortrag vom 7. Juli 1924 in Dornach.

26 Siehe Anmerkung 3. Vortrag vom 16. Dezember 1911 in Berlin.
27 Rudolf Steiner, Die geistig-seelischen Grundkräfte der Erziehungskunst, GA 305, 1991, Vortrag vom 22. August 1922 in Oxford. Beide Abbildungen ebenda.
28 Ders., Die gesunde Entwickelung des Menschenwesens, GA 303, 1987, Vortrag vom 31. Dezember 1921 in Dornach.
29 Ders., Gegenwärtiges Geistesleben und Erziehung, GA 307, 1986, Vortrag vom 11. August 1923 in Ilkley.
30 Ders., Die Methodik des Lehrens und die Lebensbedingungen des Erziehens, GA 308, 1986, Vortrag vom 9. April 1924 in Stuttgart.
31 Ebenda. Vortrag vom 10. April 1924 (vormittags) in Stuttgart.
32 Ebenda.
33 Ders., Meditativ erarbeitete Menschenkunde, in: Erziehung und Unterricht aus Menschenerkenntnis, GA 302a, 1983, Vortrag vom 16. September 1920 in Stuttgart.
34 Ebenda.
35 Siehe Anmerkung 7. Das folgende Zitat siehe Anmerkung 34.
36 Siehe Anmerkung 7.
37 Ebenda.
38 Ebenda.
39 Ebenda.
40 Siehe Anmerkung 17.
41 Ebenda.
42 Ebenda.
43 Siehe Anmerkung 25.
44 Ebenda.
45 Siehe Anmerkung 5. Vortrag vom 25. August 1919 in Stuttgart.
46 Siehe Anmerkung 25.
47 Siehe Anmerkung 12.
48 Ders., Was wollte das Goetheanum und was soll die Anthroposophie? GA 84, 1986, Vortrag vom 20. April 1923 in Dornach.
49 Siehe Anmerkung 12.
50 Siehe Anmerkung 13.
51 Ders., Anthroposophische Leitsätze, GA 26, 1989, Der Vor-Michaelische und der Michaels-Weg, 12. Oktober 1924.
52 Siehe Anmerkung 12.
53 Siehe Anmerkung 13.
54 Siehe Anmerkung 48; dort auch die beiden Abbildungen.
55 Siehe Anmerkung 13. Zu den Abbildungen siehe Tafelzeichnung zum 10. Vortrag des Heilpädagogischen Kurses, 5. Juli 1924 in Dornach.